相信自己
永不放棄
Trust yourself
Don't
Give Up

相信自己，永不放棄

編著 昕聆
出版者 大拓文化事業有限公司
執行編輯 林美娟
美術編輯 姚恩涵

總經銷 永續圖書有限公司
劃撥帳號 18669219
地址 22103 新北市汐止區大同路三段一九十四號九樓之一
TEL （〇二）八六四七—三六六三
FAX （〇二）八六四七—三六六〇
E-mail yungjiuh@ms45.hinet.net
網址 www.foreverbooks.com.tw

CVS代理 美璟文化有限公司
TEL （〇二）二七二三—九九六八
FAX （〇二）二七二三—九六六八

法律顧問 方圓法律事務所 涂成樞律師

出版日◇二〇一五年十月

國家圖書館出版品預行編目資料

相信自己,永不放棄 / 昕聆編著. -- 初版.
-- 新北市 : 大拓文化, 民104.10面 ; 公分.
-- (正面思考察 ; 55)
ISBN 978-986-411-013-1(平裝)
1.自我實現 2.通俗作品
177.2 104015699

前言

總之，相信自己，就有奇蹟。

上帝把你分到了「人生普通班」，於是你沒有顯赫門庭，沒有萬貫家財，沒有驕人容顏，沒有過人天賦。那麼你拼不拼得過「實驗班」呢？不要因為別人替你貼上不好的標籤，就認為自己是不好的。我們完全有能力自己摘掉不好的標籤，到時候別人就會主動為你貼上好的標籤，成不成功，關鍵靠自己。

人生中最怕的是站在原地不動。即使你現在的進步很小，只要保持前進，最終還是能夠到達勝利的終點。但如果因為進度慢就放棄的話，那是永遠也不可能取得成功的。

懂得幫助別人，也就是幫助自己。只有付出愛心，才會收穫愛。我們每個人只有在愛與被愛中，才能真正體會到生命的意義。如果一個人沒有了愛的能力，那麼他的生活就會黯然失色，生命就會漸漸枯萎。

Don't Give up

如何去愛以及被愛呢？請關注周圍的人，盡力幫助他們提高生活品質，盡可能友善地對他人，而不是埋頭關注自己個人的欲求。這樣，便可以在使他人的生活獲得昇華的同時，自己也得到昇華。

當你幸福地享受家庭溫暖時，當你坐在寬敞的教室裡汲取知識時，請想想那些可憐的孤兒，想想那些渴望知識卻因貧窮而無法上學的孩子。在享受著幸福的時候，請伸出你的雙手，為他們盡微薄之力吧！我們可以把節省下來的零用錢捐給慈善基金會，至少可以為那些渴望知識的孩子們買一本書。可以把衣櫥裡很久沒穿的衣服捐出去，至少可以讓貧窮的孩子少受寒冷的折磨。其實想想，類似這樣的事情，我們還可以做很多很多。

在這本書裡面，有至愛親情，有深厚的友誼，有生命的點滴感悟等許許多多的故事，而這些故事也許正在你我之間發生。這些大大小小、長長短短的故事，猶如黑夜裡閃亮的點點燈光，照亮著我們成長前進的人生路。

讀過後你會發現每個故事裡的主角，有對、有錯、有想掩飾的、有值得自豪的。生命的每一刻無不散發著魅力，創造著奇蹟，閃耀著智慧的光芒。

生命雖是脆弱的，卻又是那麼堅強而執著，能讓你體會溫暖的親情，猶如受傷後避風靠岸的港灣；能讓你感受命運的坎坷，卻又像是幸運女神處處在守護著我們。

希望與大家一起分享這些美好的故事，也希望被感染的不光只是你和我，而是整個世界。

Part 1

奇蹟

每一次超越都是新的精神昇華，相信自己，就有奇蹟。

Part 2

無私——

處處為人著想，真誠地幫助別人，才是內心最大的快樂。

Part 3

奉獻

幫助別人走出困境，同時也美麗了自己的一生，何樂而不為。

Part 4

智慧

明白自己需要什麼是本能，而明白自己不需要什麼則是智慧。

Part 5

處世——貪婪如同一個永遠難以填滿的溝渠，愈是貪婪，愈發現自己一無所有。

Part 6

真愛——先伸出關愛的手，讓一切陰霾消散，多麼快樂。

相信自己，永不放棄

不要因為別人替你貼上不好的標籤，
就認為自己是不好的，
只有你能為自己的生命下註解。

Part 1

奇蹟

每一次超越都是新的精神昇華，
相信自己，就有奇蹟。

永不放棄

這是美國北紐約州小鎮上一個女孩的故事。

她從小就夢想成為最著名的演員。十八歲時，在一家舞蹈學校學習了三個月後，她母親收到了學校的來信：「眾所周知，我校曾經培養出許多在美國甚至在全世界著名的演員，但是我們從沒見過哪個學生的天賦和才能比你的女兒還差，她不再是我校的學生了。」

被退學後的兩年，她靠打零工謀生。工作之餘她申請參加排練，排練沒有報酬，只有節目公演才能得到報酬。但每回她所參加排練的劇目終於得到公演的機會時，負責管理劇團的人總是把她叫到一邊，對她說：「你沒有天賦和才能，不能參加。」

又過了兩年，她得了肺炎。住院三周以後醫生告訴她，她的雙腿開始萎縮，將來可能再也不能行走了。已是成年人的她，帶著演員夢和病殘的腿，回家了。

她堅信自己有一天能夠重新走路，經過兩年的痛苦訓練，無數次的摔倒，她最後靠著毅力堅持終於能夠走路了。又過了十八年——整整十八年！她還是沒有成為她夢想的演員。

直到她已經四十歲的時候，終於獲得機會扮演一個電視角色，這個角色非常適合她，她成功了。在美國總統艾森豪的就職典禮上，有兩千九百萬人在電視上欣賞了的表演；英國女王伊麗莎白二世加冕時，有三千三百萬人欣賞了她的表演……到了一九五三年，看過她表演的人超過了六千萬人。

這就是露西爾‧鮑爾的傳奇。

Wisdom

心靈小語：

觀眾看到的不是露西爾‧鮑爾早年因病致殘的跛腿和一臉的滄桑，而是一位傑出女演員的天才和毅力，一個永不放棄的人，一位戰勝了一切困苦，終於取得非凡成就的偉大人物。

經營缺陷

在一九三五年間，大多數美國人都不知道羅慕洛為何許人也。

這位菲律賓外長，穿上鞋子身高才僅僅一百六十三公分，但當他應邀去聖母大學接受榮譽學位並發表演講時，美國人目睹了這個「小矮人」的風采。恰好那天羅斯福總統也是演講人，事後，羅斯福還開玩笑地責怪羅慕洛「搶了美國總統的風頭。」

更值得回味的是，一九四五年，聯合國創立會議在舊金山舉行。羅慕洛以菲律賓代表團團長身份，應邀發表演說。

講台差不多和他一般高。等大家靜下來，羅慕洛莊嚴地說了一句：「我們就把這個會場當作最後的戰場吧！」這時，全場頓時寂然，接著爆發出一陣掌聲。最後，他以「維護尊嚴、言辭和思想，比槍炮更有力量……唯一牢不可破的防線是互助互諒的防線」結束演講時，全場響起了暴風雨般的掌聲。

後來，他分析道：如果大個子說這番話，聽眾可能客客氣氣地鼓一下掌。但菲律賓那時離獨立還有一年，自己又是個矮子，由他來說，就產生了意想不到的效果。從那天起，小小的菲律賓在聯合國中獲得了關注。

身材矮小的羅慕洛，不因缺憾而氣餒，敢於坦然面對，並用自己的智慧、膽識加以彌補，從而戰勝柔弱，超越卑微，做出了驚天動地的偉業。

說到羅斯福，他小時生性脆弱膽小，呼吸起來就好像大喘氣一樣。如果被老師喊起來背誦，立刻會雙腿發抖，嘴唇也顫動不已；回答起問題，含含糊糊，吞吞吐吐，然後頹然坐下；由於牙齒暴露，使他沒一副好看的面孔。

然而，他沒有因別人對他的嘲笑而失去勇氣。他喘氣的習慣變成一種堅定的聲音；他咬緊牙根，使嘴唇不再顫動來克服恐懼。透過演講，他學會如何用假聲掩飾他那無人不知的暴牙，以及他的不良姿態；他沒有洪亮的聲音或威嚴的儀表，不像有些人具有驚人的辭令，然而在當時，他卻是最有魅力的演說家之一。最後終於登上事業和榮譽的巔峰，成為美國最偉大的總統。

Wisdom

心靈小語：

古往今來，成功人士並非完人，他們或多或少存在著各式各樣的先天不足或生理缺陷，關鍵在於他們敢於面對人生，努力經營，把缺陷轉變為資本，將危機轉變為機會，從而贏得美好的未來和人生。

順風車的奇蹟

艾克從戰場上歸來，迎接他的並不是想像中一家人歡樂團聚的場面。

他母親珍妮的腎臟出了問題，不得不送往附近的醫院治療，醫生告訴艾克：「你母親病得很重，她需要立即輸血，否則可能活不到明天。」麻煩的是，珍妮的血型是AB型，所有家庭成員都接受了驗血，但卻沒有一個人的血液能與珍妮相配。更糟糕的是，醫院既沒有血庫，也沒有飛機去空運血液。於是，醫生們告訴他，一點辦法也沒有了。

艾克含著眼淚離開醫院，他是去召集所有親人的，希望每一個人都有機會跟母親見最後一面。那時候戰爭才剛剛結束，美國境內每一條公路上，穿著軍服的士兵要求搭便車回家和親人團聚的情景隨處可見。

當艾克沿著公路行駛的時候，他被一個士兵攔住了，士兵請求艾克允許他搭個便車回家。極度悲傷的艾克在這個時候根本沒有心情做好事，但一想到士兵希望回家團聚的迫切心情，艾克還是把那個陌生人請上了車。

心亂如麻的艾克只是麻木地開著車，對身旁的士兵完全無暇理會。但是，這個士兵卻注意到艾克的眼淚。

「老兄，你遇到什麼麻煩了？我可以幫你嗎？」

艾克含著眼淚說：「我母親正在醫院裡即將死去，因為醫生無法找到與她相匹配的血型——AB型，如果他們不能在夜幕降臨之前找到適合的血型，她就會死去。」

汽車裡變得異常安靜，然後這個陌生的士兵把手伸到了艾克的眼前。他的手中握著一枚身份識別牌，這是掛在士兵脖子上用來識別士兵身份的牌子。牌子標明的血型正是AB型。他要艾克立即掉轉車頭，向醫院駛去。

珍妮得救了，她活了下來，直到二十年後才去世。

Wisdom

心靈小語：

生命的奇蹟其實就發生在你不經意的善意之間，一項小小的援助，甚至是一趟舉手之勞的順風車，有時都能為你帶來意想不到的奇蹟。

成吉思汗

成吉思汗，名鐵木真。出生於蒙古博爾濟吉特氏族。曾祖合不勒統一了蒙古尼倫各部，稱汗。後叔祖忽圖剌和父親也速該也相繼為尼倫部的首領。

公元一一六二年，也速該征討塔塔爾部落勝利歸來，恰巧其妻訶額侖生下了成吉思汗，也速該為此感到十分高興。為了紀念出征的赫赫戰功，慶賀兒子的誕生，他為這個剛出生的男嬰取名為鐵木真。「鐵木真」蒙語的意思是「精鋼」，以鐵木真作為孩子的名字，也是希望他將來堅強勇武。

也速該十分寵愛鐵木真，在鐵木真剛滿三週歲的時候（公元一一六五年），他就親自到翁吉剌部的德薛禪家為鐵木真求親。在返回途中，他看見塔塔爾人在聚會，於是他也下馬參加了他們的聚會，結果被塔塔爾人毒死，留下孤兒寡婦過著十分淒慘的生活。

備受凌辱的處境和困苦的生活，讓鐵木真養成了不畏艱難險阻的堅強性格，對人生的艱難有了深切的體驗，萌生了發憤圖強的志願。他熬過了苦難的童年，逐漸成為一個體格魁梧健壯、智勇雙全的小伙子，聲望日高。

艱難困苦的生活沒有難倒鐵木真，反倒使他更堅強、更成熟，他長大成人，有智有勇，名孚眾望，他父親也速該的舊部也逐漸歸於他的麾下。一一八六年，二十四歲的鐵木真被眾人推舉為「合罕」，成為小部落的首領。三年後，他又被尼倫部落擁戴為「汗」，重新回到尼倫部落的首領地位，從此，鐵木真大展宏圖的時代開始了。

公元一二零五年，鐵木真擒獲了勁敵札木合並將其殺掉。至此，經過二十年的攻伐戰爭，終於統一了西至阿爾泰山，東到黑龍江上游間廣大地區的蒙古族各部落，結束了長期以來部落紛爭的局面。隔年，鐵木真在斡難河畔大會各路諸侯，諸王群臣共推鐵木真為全蒙古的大汗，即帝位，諸王群臣上尊號為成吉思汗（擁有四海皇帝）。成吉思汗成為蒙古族歷史上第一位全族公認的帝王。這時他年僅四十五歲。

Wisdom

心靈小語

苦難的經歷加上堅定的毅力和必勝的決心，由最初為家族報仇到最後成為

「成吉思汗」，可見苦難的磨練是擁有王者之心必經的歷程。人生也正是因為有了苦難，才會在淬鍊下變得更堅強。

自由

一九六零年，南非警察開槍鎮壓示威群眾，不久又下令取締了非洲民族會議，非洲民族會議開始轉入秘密活動。為適應形勢的變化，曼德拉著手建立了被稱為「民族之矛」的軍事組織，並親自擔任總司令。為了掌握武裝鬥爭的策略，曼德拉在這一時期閱讀了多人的著作，為了爭取國際社會對非洲民族會議的支持，曼德拉還多次秘密出國訪問，會見了許多非洲國家領導人。一九六二年八月五日，由於叛徒的出賣，曼德拉在約翰尼斯堡附近被捕，從此開始了他長達二十七年的鐵窗生涯。在獄中曼德拉先後讀完了倫敦大學法律、經濟和商業專業課程，還自學了一門外語。

曼德拉不僅堅持學習，而且還利用一切機會和囚犯交朋友，對他們講述反對種族隔離的道理。由於他經常帶領獄友與當局鬥爭，南非當局只好把他秘密轉移到開普敦的中央監獄。當局表示只要他放棄武裝鬥爭，就恢復他的自由，但是曼德拉堅定地說：「自由絕不能討價還價。」

一九九零年二月十一日，開普敦監獄大門打開了，七十一歲的曼德拉走出牢門，這天世界各國派來採訪他的記者多達二千人，第一張曼德拉出獄的照片被人用百萬美元買走。出獄後，曼德拉成為非洲民族會議的主席，繼續領導反對種族隔離制度的鬥爭。他率領代表團與總統德克勒克為首的白人政府代表進行談判，經過不懈努力，最終促使政府廢除種族隔離政策，並同意舉行南非第一次真正的全民選舉。

Wisdom

心靈小語

堅信自己會成功的人，就已經成功了一半。「為自由決不能討價還價」，這種果敢的態度不正是他偉大的原因嗎？

命運

貝多芬一生命運坎坷，痛苦和不幸始終和他形影不離。他歷經貧窮、疾病、失戀和孤獨的折磨。童年時，他就在父親嚴厲的監督下苦練鋼琴。三歲時，失去了疼愛他的祖父。十七歲時，他熱愛的母親又死於肺病，貝多芬從此成為一家之主，擔負起兩個弟弟的教育責任。他不得不要求父親退休，因為他酗酒，不能照顧家裡——人家甚至不把養老金交給他本人收領。這些可悲的事實在貝多芬的心上留下了深深的傷痕。

一七九六到一八零零年間，貝多芬的耳朵日夜作響，聽覺大大衰退。對於一個音樂家來說，這是多麼沉重的打擊！他絕望地告訴兩個朋友：「我最高貴的部分，我的聽覺，大大地衰退了。……我不得不在傷心的隱忍中棲身！」「要是從事別的職業，也許還可以；但在我的行業裡這是多麼可怕的遭遇啊……」

然而，除了肉體上的痛苦之外，還有另一種痛苦——愛情的挫折摧殘著貝多芬的心靈。一八零一年，一個很有魅力的女孩闖入了他的生活，這就是貝多芬題贈《月光奏鳴曲》的對象——朱麗葉坦．桂察蒂。她愛他，他也愛她。可是這段愛情卻使貝多芬付出了沉重的代價。愛情使他更加感到自己的殘廢和處境的艱難，甚至無法娶他所愛的人，而朱麗葉坦的風騷、稚氣和自私，又使貝多芬萬分苦惱。一八零三年十一月，她嫁給了一位伯爵。這是一次毀滅性的打擊，尤其是在貝多芬因疾病而身體虛弱的時候，狂亂的情緒更有把他毀滅的危險。他寫好了遺囑交給兄弟卡爾與約翰，註明「等我死後拆開」，他差不多想要結束他的生命了。

但是，貝多芬以超人的毅力再一次戰勝了命運的擺佈。此後貝多芬繼續活了二十五年。他在寫給韋格勒醫生的信中寫道：「我要扼住命運的咽喉。它決不能使我完全屈服……噢，能讓人生活上千百次，多美！」「我窺見我不能加以肯定的目標，我每天都更迫近它一些。唯有在這種思想裡，你的貝多芬方能存活。」

苦難磨練著他的意志，他緊緊地扼住了命運的咽喉，於痛苦的思索中寫下了流芳千古的名曲。然而即使在他苦痛時期的作品中，也有許多歡悅的樂曲，反映了一種青年人的天真，或是熱烈的情愛。這顯然是他頑強的意志起了決定作用，一種無可抵抗的力量把憂鬱的思緒一掃而空。他渴望痊癒，渴望愛情和幸福。他是那樣的需要歡樂，當生活中沒有歡樂時，就自己來創造。

Wisdom

心靈小語：

貝多芬的一生充滿坎坷、痛苦與不幸，卻又是極其幸福。他的幸福是從痛苦中磨練出來的感受，他最著名的樂曲，無一不是他超越痛苦超越自我的結果，每一次超越都是一次新的精神昇華。他的音樂充滿了人性，飽含著人生的苦與樂。在音樂的世界裡，他最終找到了寧靜、和諧和永恆的幸福。

憂鬱的詩人

小拜倫的腳是跛的，這一缺陷為他後來的生活帶來了不少痛苦。

有一次他在街上散步時，一個婦人經過他身旁，看著拜倫說：「呀！多麼漂亮的孩子！可惜是個瘸子！」這句話深深刺痛了拜倫的心，雖然他還年幼，但他很明白世故的偏頗和對殘疾者的歧視，每當讓別人注意到自己的殘疾，他的心就會像刀割一樣痛苦。

更不幸的是，他父母的關係很糟，彼此都對婚姻感到失望。拜倫就是在這種失望的深淵裡出生的。拜倫兩歲時，父母開始分居，拜倫由母親撫養。他父親為了躲債逃到法國，第二年便在貧困交加中死去。由於家庭的不幸，使得母親的性情變得非常暴躁，常無緣無故的大發脾氣，而拜倫便成了母親發洩憤怒和不滿的對象。母親有時候把他當作寶貝一樣地愛撫，有時候發起神經來，便順手拿起盤子、杯子等向拜倫投去。年幼的拜倫幾乎每天都被罵，到後來，連家具都在屋子裡飛舞，新衣裳也在憤怒的情緒下嘩啦地撕破。在抱怨自己身負殘疾這種劇烈的感情以外，他還要忍受母親的脾氣，對於這個生來就比別人更加敏感的孩子來說，這樣的負擔的確是過於沉重了。於是他的性格逐漸地變得憂鬱。

儘管拜倫在默默地忍耐著，但是燃燒的憤怒卻沸騰在他的腦海。到後來，默默發怒的習慣，已經成為拜倫的癖性。

拜倫在將近五歲時，被母親送進學校。他是個記憶力很好的學生，經常一副憂鬱的表情。拜倫以善談吐和飽讀書為人所知，因為他向家庭教師學了不少歷史和拉丁語，自己還常常隨手翻讀各種書籍，這使拜倫後來成為著名的詩人。

Wisdom

心靈小語：

童年的經歷，糟糕的家庭環境，都沒有擊垮這個年輕人。相反正是這樣的家庭環境培養了詩人的氣質，也可謂因禍得福吧。

心靈手術

一個正值青春年華的年輕人，卻因為大學落榜，而對生活失去了信心。八年前，我的同學大偉也正經歷這樣的情況，而我卻考上了台北的一所大學。

在我進入大學三年級那一年，有一天大偉忽然在校園裡找到了我。原來，他也是某知名大學的學生了。

「恭喜你，」我說。

「你知道嗎？兩年前我一直認為自己完了，沒什麼出息了。可是父母對我抱有很大希望，我被迫去重考。你知道『重考』是什麼滋味嗎？在重考班，我的成績是倒數第五……」

「可你現在……」我迷惑了。

「你接著聽我說。」大偉娓娓道出這兩年來他的經歷……

有一次那個教英語的張老師要我在課堂上背單字。那時候我正在看一本武俠小說。

張老師很生氣的說：「大偉，你真是沒出息，你不僅浪費爸媽的錢，還耗費自己的青春。如果你能考上大學，全世界就沒有文盲了。」

我當時彷彿要氣炸了，我跳離座位，跨到講台上指著老師說：「你不要瞧不起人，我一定要考上大學。」說著我把那本武俠小說撕得粉碎。後來，第一次考試我分數差了一百多分，可是第二年我只差十七分，今年，我竟超過了八十多分……。

之後，我回到重考時的補習班，班主任告訴我：「教英語的張老師得了骨癌。」

我去看他時，他很高興，但張老師突然有感而發。過了一會兒，他要老伴取來了一幀舊照片，照片上，一位青年正在巴黎的艾菲爾鐵塔下微笑。

張老師說：「十八年前，他是我教的班裡最聰明也最不用功的學生。有一次，我在課堂上講，像你這樣的學生，如果考上大學，我頭頂地轉三圈……」

「後來呢？」大偉問。

「後來就和你一樣，」張老師言語哽咽著說，「對有的學生，一般的鼓勵是沒有用的，關鍵是要用鋒利的刀子去為他們做心靈手術——你相信嗎？很多時候，別人的歧視能使我們激發出心底最堅強的力量。」

兩個月後，張老師離開了人世。

在那以後的時光裡，我一直想著老師滿含愛意卻又非常殘酷的「歧視」。

Wisdom

心靈小語：

我感到那「歧視」中蘊含著一種催人奮進的力量。對大偉和那位艾菲爾鐵塔下留影的青年學生而言，在他們的人生旅途中，張老師的「歧視」到最後反而是最寶貴且美麗的回憶。有痛的感覺就沒有失去生命力。麻木，實際上就是一種心靈的死亡。

二十分的面子

讀高中時，學校為了有更漂亮的學習成績而實行了分班，實驗班考上大學的機會遠遠大於普通班，而我卻正在這普通班，只想混個文憑，然後找個工作，根本不想努力用功。

我們的班導師兼英語老師是個剛從師範大學畢業的青年教師。他非常敬業，每日催著我們用功用功再用功，作業作業再作業。但是說歸說、做歸做的想法，我們的成績仍然上不去，在全校各科考試中屢屢落敗。

直到高二某次英語檢定，我們班的成績破天荒地超過了幾個實驗班的學生，這讓我們接連興奮了好幾天。

發考卷的時候到了，老師平靜地把考卷發給我們。我們欣喜地看著自己幾乎從沒得過的高分，老師說：「請同學們自己計算一下分數。」數著數著，我的分數竟比實際分數高出二十分，同學們也紛紛喊了起來，「老師怎麼多算了二十分。」課堂上亂了起來。

老師擺了擺手，班上靜了下來。他沉重地說：「是的，我為每位同學都多加了二十分，這是我為自己的面子也是為你們的面子多加的二十分。老師拚命地教你們，就是希望你們為老師爭口氣，讓老師不要在別的老師面前始終低著頭，也希望你們不要在別班同學的面前總是低著頭。」

老師接著說：「我來自鄉下小鎮，我的父母都去世得很早，上中學時我窮到一天只能吃一餐；大學放暑假，我每天到建築工地工作，曾因飢餓而暈倒。但我就是憑著一股不服輸的精神念完師大。生活教會我在任何時候都不能服輸，而你們只不過是被分在普通班就喪失了信心，我很替你們難過。」

這時候教室裡安靜極了，同學們都低下了頭。老師繼續說：「我希望我的學生們也能成為堅持的人，任何時候都不服輸。現在只是高二，離聯考還有一年多的時間，努力還來得及。願你們不靠老師弄虛作假就掙回足夠的分數，讓老師能把頭抬起來，繼續堅持下去。」

「同學們，拜託了！」說完，老師低下頭，竟給我們深深地一鞠躬。當他抬起頭的時候，我們看到他的眼睛流出了淚水。

「老師。」班上的女生們都哭了起來，男生的眼裡也含滿了淚水。

那一節課，我們什麼也沒有學。但一年後的考試，我們以普通班的身份奪得了全校第一名。據校長講，這在學校的歷史上是從未有過的。

Wisdom

心靈小語：

上帝把你分到了一個「人生普通班」：沒有顯赫門庭，沒有萬貫家財，沒有驕人容顏，沒有過人天賦，那麼你能不能拼過「實驗班」呢？不要因為別人替你貼上不好的標籤，就認為自己是不好的。我們完全有能力替自己摘掉不好的標籤，到時候，別人會主動替你貼上好的標籤。成不成功，關鍵靠自己。

生命中最重要的一天

一個青年到深山尋找智者，要向他請教關於人生的問題。

「請問大師，您生命中哪一天最重要？是生日還是死亡的那天？是上山學藝那天，還是得道開悟那天？……」青年連珠炮似的發問。

「生命中最重要的一天是今天。」智者不假思索地答道。

「為什麼呢？」青年非常好奇，「今天發生了什麼驚天動地的大事了嗎？」

「今天什麼事情也沒有發生。」智者說道。

「那今天之所以重要，是不是因為我的來訪？」青年再問。

「即使沒有任何人來訪，今天也依然重要，因為今天是我們所擁有的唯一財富。不管昨天多麼值得我們回憶和懷念，它都已像沉船一樣沉入海底了；不管明天是多麼輝煌燦爛，它都還沒有到來。而今天，不論多麼平淡，它都在我們的手裡，由我們自己支配。」

青年若有所思地點點頭，然後就快速地下山了。

Wisdom

心靈小語：

什麼是最重要的：把握今天。因為昨天已過去，明天還沒來，因此，把握今天就是把握生命。而把握生命就要懂得「今天」、「現在」、「守時」、「及時」的道理。

虛弱的母親

在因戰亂而逃難的人潮當中，有一位身體虛弱的母親，和她三歲的小孩。難民潮靠著步行緩慢地向邊境移動，太陽惡毒地在難民們的頭上肆虐。大家拖著蹣跚的步伐，一步一步向前走，不知道自己什麼時候會倒下。

那位虛弱的媽媽終於支撐不住，她抱著孩子，找到了難民潮當中的一位禪師。這位可憐的母親，苦苦地哀求禪師幫她照顧小孩，因為她覺得自己絕對無法撐到邊境。

禪師略懂醫道，簡單地檢查了這位媽媽的身體狀況後，他發現她的體力尚可，便斷然拒絕了這位媽媽。禪師說：「妳自己的孩子，當然要由妳自己負責，我無法代勞！」虛弱的母親聽到禪師這般無情的拒絕，不由得十分憤怒，抱著孩子轉身回到隊伍當中。

一天一天過去，這一群難民終於到達邊境。透過國際紅十字會的照顧，在難民營中，每個人至少都有了最起碼的安身之處。

這時候，禪師再來探望這位身體已經恢復的母親。禪師看到她，欣慰地說：

「還好我沒有接下妳托孤的任務，今天才能看到妳們母子都平安……」

充滿智慧的禪師，在最危急的時刻，激發出這位可憐母親的無窮潛能。

心靈小語：

樂觀自信的人是有力量的。這種力量足以激發你的能量。在遇到困難的時候，這種能量能夠支持你，勇敢地去面對一切看似不容易戰勝的挫折。

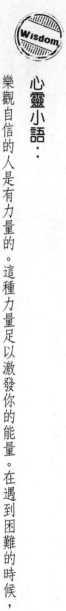

沙漏

弗蘭克總是愛問媽媽各種各樣的問題，媽媽也總是不厭其煩地回答他。有時媽媽實在無法回答，就會溫柔地對弗蘭克說：「孩子，你現在還小，媽媽即使解釋給你聽，你也不會理解，等你長到十歲的時候，我就會告訴你問題的答案。」

每當此時，小弗蘭克就不再強求媽媽，因為他知道媽媽說的總是沒錯。於是他耐心地等待，希望自己快點長到十歲。

弗蘭克第一次看到沙漏時，問媽媽：「沙漏是做什麼用的呢？」

媽媽說：「沙漏是古人發明用來計時的工具。人們把沙子裝進沙漏的一端，然後把它倒過來，等到沙子全部從一端流到另一端時，剛好是一個小時。」

弗蘭克拿起沙漏搖了搖，說：「這裡面的沙子流得太慢了，搖一搖它就會流得快一些。」

「孩子，你應該讓它自然地流動，如果你這樣搖的話，它就不準了。」媽媽說，「儘管它流得非常慢，但它卻一直在流，從來都沒有停下來。你看咱們家的鐘錶，它的時針走得特別慢，但也一直在向前走。一整天的時間，沙漏裡的沙子剛好經過小孔二十四次，時鐘上的時針也會整整繞一圈。

「所以，無論做什麼事都不要嫌慢。慢並不可怕，你可以一點一點地向前走。可怕的是站在原地不動，那樣別人就會走在你前面，而你卻依然在原地停留。堅持不懈是每一個人最需要的態度之一，擁有這種態度的人無論是多麼漫長的經歷，最終他將得到自己想要的東西。」

Wisdom

心靈小語：

人生最怕的是什麼？最怕的是站在原地不動。即使你現在的進步幅度很小，只要保持前進，最終還是能夠到達勝利的終點。但如果因為慢就放棄前進的話，那就永遠也不可能取得成功。

四和二

賓夕法尼亞大學法律系教授艾德恩•凱迪博士，教書已二十多年。每學期初的第一堂課上，他總是先在黑板上寫下兩個數字：四和二，然後問學生：「結果是多少？」

同學們都爭相回答。

有的同學說：「六。」他搖了搖頭。

有的同學說：「二。」他還是搖了搖頭

最後，一個同學得意地說：「我知道了，肯定是『八』。」他還是搖了搖頭。

學生們一陣納悶，這時凱迪博士才說：「同學們，你們根本還沒有問清楚這是個什麼題目，是加法、減法、乘法還是除法？你們根本不瞭解問題，又怎麼能說出正確的答案呢？」

心靈小語：

生活中，與其不經心地多做事，不如少做事多用心思考。只有用心思考，才會主宰我們自己的命運。

生命的高度

一位著名的登山家在一座八千多米的雪山上失蹤了。營地最後一次接到他的訊息是三天以前，按原計劃，他兩天前就應該順利返回營地。然而現在整整三天過去了，他還是音訊全無。

「他一定是在返回的途中掉進了冰谷。」人們這樣猜測。

幾年後，這一猜測得到了證實，人們在半山腰發現了他的屍體和遺物。在遺物中，人們發現了登山家的日記，最後一行寫著：「千萬不要去登你下不來的高度！」

Wisdom

心靈小語：

每個人都有自己生命的高度，有的是高峰，有的是小山，甚至有的只是土丘和平地。其實，成功的秘訣就是，不做自己不能勝任的事情。人最重要的是要瞭解自己，走最適合自己的路才叫成功。

Don't Give Up

五十元的秘密

他是鎮中心小學的四年級學生。這天中午放學回家經過一家商店時，櫥窗裡的一件商品吸引了他。他趴在玻璃上看價格，五十元，太貴了，這幾乎是他們全家人一個月的開銷。

他站在那兒躊躇了一會兒，推開商店的門走了進去，指著那件商品對店主說：「我想買那件商品，不過我現在沒有錢，請您留著先別賣好嗎？」

「好吧！」店主看著這個一臉誠懇的男孩，微笑地答應了他的請求。

他很有禮貌地告別店主，走出了商店。

他走著走著，拐進一條小巷，忽然看見一個大門裡扔出好幾個紙箱子。他突然想起了什麼，連忙走過去看仔細。原來這裡是水果批發市場的後門，每天有大量的水果被運到這裡，再銷往各處。水果重新包裝的時候，就會扔掉很多廢紙箱。

他撿了幾個廢紙箱，拿到回收站去賣了。回家的路上，他的手裡緊緊握著一個一毛錢硬幣，生怕掉了。

回到家，他把硬幣放在一個小鐵盒裡，又把小鐵盒藏在牆角米缸後邊。

母親叫他吃飯，他答應了一聲走進廚房。這時爸爸剛好從工地回來，媽媽已經擺好了飯菜。媽媽自從去年生病動了手術後，身體很虛弱，不能上班，每天在家裡洗衣做飯，還要做些家庭手工賺錢，十分辛苦。

每天放學後，他總是一路跑著回家，寫完作業，做完媽媽交代的家事後，就到街頭巷尾去撿紙箱或寶特瓶。冬天來了，天氣十分寒冷，喝飲料的人也少了，有時候他找了好久也沒有撿到多少。可是他依然堅持下去，因為一想到櫥窗裡的那件商品，心裡就有了戰勝困難的勇氣和力量。

半年後，他把藏在米缸後邊的小鐵盒取出來，把裡面的硬幣都倒出來，用發抖的手仔細數了一遍，仍然不放心，又仔細數了一遍。他差點叫了出來，只差一角二分就湊夠五十元了！於是，他心裡默默祈禱著今天能撿到足夠的紙箱和可樂瓶。

夕陽落山的時候，他正扛著紙箱子急匆匆地往回收站趕。此時，收購站的那位伯伯已經準備關門了。他著急地叫道：「伯伯，請您先別關門！」

那人轉身看見喘噓噓的小男孩，說：「明天再來吧，孩子！」

「不行啦！伯伯，請您幫幫我，我今天一定要賣出去！」聽著這個已經是老顧客的小男孩的焦急請求，那位伯伯拉開關了一半的門。

「孩子，你幹嗎這麼急著用錢？」伯伯好奇地問。

「對不起，這是我的秘密，現在還不能告訴您。」他笑了笑，不肯說。

拿到兩個一毛錢的硬幣後，他便飛也似的跑回家，取出小鐵盒，然後又匆匆地跑到那家商店，還好，商店還沒有關門。他二話不說，便把所有的硬幣倒在櫃檯上。

他又一口氣跑回家，看見媽媽正在廚房裡忙碌。他迫不及待地走到媽媽面前，將自己用半年多的心血換來的珍寶放在媽媽的手裡說：「媽媽，生日快樂！」

媽媽很驚訝，她輕輕打開包裝紙，裡面包著一個紅色絨布的首飾盒，盒內放著一枚百合花胸針。媽媽熱淚盈眶，這枚胸針是少數她收到的幾個禮物中最珍貴的一個，她一把將兒子緊緊摟在懷裡……

Wisdom

心靈小語：

每個人都期待著生日的禮物和快樂，掰著手指頭算，盼著生日趕快到。那麼爸爸媽媽的生日你是否也同樣重視？你是否會有所表示呢？替爸爸媽媽過生日是一件快樂和自豪的事。

「謝謝您」

松鼠兜兜喜歡把每件東西都用錢來衡量。牠想知道每件東西的價錢，如果這個東西不是很貴，他便認為它毫無價值。但是他不知道有很多東西不是金錢能買到的，其中有一些是世界上最寶貴的東西。

這天早晨，兜兜在吃飯的時候，把一張疊得整整齊齊的紙放在媽媽面前。媽媽打開這張紙時睜大了眼睛，簡直不能相信這是乖兒子兜兜寫的。你猜兜兜寫了什麼令媽媽這麼驚訝？

媽媽欠兜兜：

洗碗三元

倒垃圾二元

倒水一元

松鼠媽媽看著這張字條笑了，但她什麼也沒說。

吃午飯時，松鼠媽媽將帳單連同六塊錢一起放在兜兜的面前。兜兜看到錢時，眼睛都發光了。他很快地把錢放進口袋，開始盤算著用這筆報酬買什麼東西。

突然他看見旁邊還有一張紙，整整齊齊地疊著，就像他給媽媽的紙條一樣。

把紙條打開時，他發現是一張媽媽寫的帳單，紙條是這樣寫的：

兜兜欠媽媽的：

教養費零元

生病時的照顧費零元

買衣服、鞋子和玩具零元

吃飯和漂亮的房間零元

兜兜總共欠媽媽零元

兜兜坐在那兒看著這張新帳單，沒有說一句話。幾分鐘以後他站起來，把那六塊錢從口袋裡拿出來，放在媽媽手中說：「媽媽，謝謝您！」

媽媽開心地說：「乖孩子，一句謝謝比什麼都值錢！」

Wisdom

心靈小語：

在生活中，你是否經常說「謝謝」？能夠經常說「謝謝」的人一定是個懂得感恩的人。曾看過一個天生失明的女兒送給媽媽的生日賀卡寫著：「媽媽，謝謝妳把我養大！雖然妳沒給我眼睛，但謝謝妳給了我生命；雖然我看不見妳，但我永遠愛妳、感謝妳……。」

因小失大

據說，梵王在波羅奈治理國家時，菩薩是他的政法顧問。

有一次，邊境發生了一場動亂，當地駐軍連忙派人向國王報信，懇求增派部隊前往支援。然而，國王這時卻自顧自地來到御花園休憩，並準備在花園裡紮營。

在等候營帳安紮的時間裡，國王看見侍者正將蒸熟的豌豆倒入木槽裡餵馬。與此同時，御花園裡的猴子開始騷動起來。

忽然，有一隻猴子飛快地從樹上跳下來，從木槽裡撈了一把豌豆，接著立即把豆子全塞進嘴裡，隨即又抓了一把，這才滿意地回到樹上，愉快地吃著手中的豆子。但是，因為吃得太急了，有一顆豆子從牠的手中掉了下來，只見這隻猴子居然不假思索地扔掉手上所有的豌豆，跳下樹，著急地尋找剛剛落下的那顆豌豆。結果，不僅那顆豆子沒有找到，連手上原本的豆子也找不回來了。

國王看到這隻猴子可笑的舉動，禁不住問菩薩：「您對這隻猴子的舉動有什麼看法？」

菩薩回答說：「國王啊！只有無知的蠢材才會因小失大啊！」

國王聽見菩薩意有所指地這麼說，這才想起剛剛來自邊境使者的緊急報告，連忙返回波羅奈城去。在邊境騷亂的強盜們，聽說國王親征，決心把強盜趕盡殺絕後，連忙逃跑了！

Wisdom

心靈小語：

每個人的精力都是有限的，必須搞清楚哪些事情是有意義的，是重要的和緊迫的，才能合理調配和使用資源，以利達成既定的目標。

Part 2

無私——

處處為人著想，真誠地幫助別人，才是內心最大的快樂。

「誰的手」

有一位老師在為學生講解感恩節的來歷和故事後，要求學生們以感恩節為主題，畫下最讓他們感激的東西。

老師心裡想著：能讓這些孩子心生感激的事物一定不多，也許只會是桌上的烤火雞或其他食物。

當這位老師在教室裡踱步的時候，卻無意中看到一位女學生安娜的圖畫。那是以幼稚的筆觸畫成的一隻手。看到這幅畫時，老師感到很驚訝：為什麼她不畫食物或者令她感興趣的東西，卻畫了一隻手？

「誰的手？」全班學生都被這抽像的內容吸引住了。

接著全班的同學都圍了過來，爭先恐後地看安娜的畫。

「我猜這是上帝賜給我們食物的手。」其中的一個孩子說。

另一個孩子說：「我想這是一位農夫的手。」

老師沒有說話，過一會兒全班都安靜了下來，大家都繼續做自己的事時，老師才過去問安娜：「那到底是誰的手？」

「老師，那是您的手。」安娜低聲說。

「那妳為什麼要畫我的手呢？」老師問道。

「因為下課後的休息時間，您用您的手牽著孤寂無伴的我散步，而且您也經常這樣對待其他同學，經常把我們當做是自己的孩子，所以您的手對我來說有著特別的意義。」安娜回答。

老師聽了以後深受感動。

Wisdom

心靈小語：

對於陌生人的善意幫助，對於老師的諄諄教導，對於爸爸媽媽的無私愛心，對於大自然賜予我們的陽光雨露，我們都要懷著感恩的心說一聲「謝謝」。說一聲「謝謝」，陌生人之間的隔閡沒有了，互不相識的人更親近了，人與人之間的關係也更和諧。如果你想說「謝謝」，就馬上說出來吧！如果你懷有感恩之心、感激之情，就盡快把它表達出來吧！

Don't Give up

分眼睛

一天，上帝派人把貓頭鷹叫來，給了牠各種各樣的眼睛，叫牠去分給所有的鳥類。

貓頭鷹是個自私自利的傢伙，牠「近水樓台先得月」，先挑了兩個最大的、自己認為最好的眼睛藏起來，然後才將剩餘的眼睛分給了其他的鳥。

所有的鳥都安上了眼睛，大家個個稱心如意，又跳又唱，高興得不得了。可是貓頭鷹的眼睛太大了，和頭的大小極不相稱，一安上去，整個臉型都變了，看上去反而顯得很醜。其他的鳥兒見了，都忍不住笑著說：貓頭鷹你怎麼變成這樣了。

貓頭鷹又羞又愧，但事到如今，已經無法挽回了。於是白天牠都躲在家裡睡覺，到了晚上等其他的鳥都睡著了，才敢跑出來找東西吃。

就這樣，貓頭鷹不敢在白天出門，牠的朋友越來越少，整天皺著眉頭，再也找不到快樂了。

心靈小語：

自私自利，害人害己，別人得到美麗，你卻只能變「醜鬼」。為什麼不把自己的快樂與同伴一起分享呢？到時你才知道什麼是真正的快樂。

媽媽真傻

在一個房子裡，住著好幾戶人家，他們共用著樓梯、廁所和廚房，因此打掃這些地方的衛生成了大家份內的事。

小華家也住在這裡，他媽媽經常主動打掃樓梯、廚房、廁所，還特地買了刷子、垃圾桶等用品，毫無怨言。

有一天，小華又看見媽媽在打掃那些公共區域，就對她說：「媽媽，您真傻。自己掏錢買刷子、垃圾桶，讓大家公用，還經常倒垃圾、掃樓梯走道。這些別人都沒做，您為什麼那麼積極呢？」

媽媽微笑著對兒子說：「為大家服務是應該的！」

第二天晚上，小華在家裡寫作業，寫著寫著鋼筆沒有墨水了。他在家裡找了一會兒，發現墨水已經用完了。此時天色已晚，商店早就關門了，怎麼辦呢？作業還沒寫完呢！小華焦急地望著媽媽，媽媽也感到無可奈何。

正好住在隔壁的李阿姨來串門，她聽說了小華的問題，就摸著他的頭說：「墨水用完了？哦，不要著急，我家有。」

說完，她趕忙走了出去，不一會兒，她拿來了一瓶墨水，笑著對他們說：「這墨水你們先用，等我們要用的時候再來拿。」於是，她放下那瓶墨水就走了。小華連忙道謝。

這時候媽媽故意對小華說：「這個李阿姨真是太傻了，將自家的墨水送給了別人，她能夠得到什麼好處呢？」

聽了媽媽的話，小華愣住了，似乎一下子明白了一個道理，忙說：「媽媽，這不叫傻，這叫互相幫助。」

媽媽見小華漸漸明白了其中的道理，非常高興，又接著說：「小華，你說得對，李阿姨身體不是很好；劉叔叔工作忙，每天早出晚歸，非常辛苦；王阿姨家有個一歲的孩子，每天都忙得不可開交；孫爺爺年紀大了，兒女都在外，沒人照顧。大家住在一塊兒，就好比一家人，應該相互幫助，這樣才能和睦相處。」

聽了媽媽的話，小華慚愧地低下了頭，紅著臉說：「媽媽，我錯了。只有互相體諒互相幫助，才能開開心心地在一起生活。」

Wisdom

心靈小語：

只有處處為他人著想，真誠地幫助別人，讓別人得到快樂，才是內心最大的快樂，才能夠在最需要幫助的時候得到關懷，並快樂度過每一天。

愛美的心願

有三個小女孩一同出遊，半路遇見一位跌倒的老婆婆，便把她攙扶到家。臨別時，老婆婆拿出三朵鮮艷的桃花，分送給小女孩每人一朵，說道：「好孩子，它可以滿足你們每個人愛美的心願，想要什麼儘管說！」

愛打扮的小女孩說：「我希望有一套最華麗的衣裙！」剛說完，她身上果然多了一件光彩動人、美艷絕倫的裙子。

愛漂亮的小女孩說：「我希望有一張最動人的臉蛋！」說完，她立刻變得神采飛揚，絕世美女。

最小的那個小女孩說：「好婆婆，我只希望有一顆最美好的心靈！」說完，她心裡便豁然開朗，一片光明。

四十年後，老婆婆忽然想起當年的小女孩，於是決定去探訪她們。她找到第一個小女孩。這時，愛打扮的她，只穿著一套普通的衣服，傷心地對老人說：「我那套美麗的衣裙，早已破舊了！」

她又找到第二個小女孩，只見那張漂亮的臉上佈滿了皺紋，她痛哭著對老人說：「您給我的美貌，又還給了時間！」

最後老婆婆找到了第三個小女孩，只見她臉上掛著幸福的微笑，高興地說：「這些年，我用整個心靈去愛每一個人，去幫助每一個人。愛，就像一顆神奇的種子，已經在所有朋友的心裡扎根，而我也覺得非常快樂！」

老婆婆開心極了：「孩子，只有你，最懂得美的真諦啊！」原來，那個老婆婆，就是美神維納斯的化身。

真正的美不在於華麗的服飾、優雅的外表，而在於人的內心。當衣冠破舊，年華老去時，一切虛浮的美麗都已消失，長存於人心的，只有那份靈魂的美麗。

當我們每天享受著陽光的澤惠時，也在享受著別人善意的幫助。早晨起來，站在陽台上，鮮花的芬芳從鄰居的窗台縷縷飄來，善良的鄰居並不因此而把窗戶關上；順著人行道走去，路面乾乾淨淨，善良的路人把垃圾小心地扔在垃圾箱裡；擠進公車，發現還有一小塊空間可容立足，善良的乘客讓出了這一點點空間；夜裡，在靜謐中安睡，善良的司機不再按響喇叭……

所有充滿愛心的人都會受到人們的喜愛和尊重。我們在經常得到別人愛心的同時，也別忘了付出我們的愛心。

心靈小語：

幫助別人，也就是幫助自己。只有付出愛心，才會收穫愛。我們只有在愛與被愛中，才能真正體會到生命的意義。如果一個人沒有了愛的能力，那麼他的生活就會黯然失色，生命就會漸漸枯萎。

如何去愛以及被愛呢？那就是關注我們周圍的人，盡力幫助他們提高生活的品質；盡可能友善地對待別人，而不是埋頭關注自己的個人欲求。這樣，我們便可以在使他人的生活獲得昇華的同時，自己也得到昇華。

長壽秘訣

有人問一位活了一百零四歲的老太太長壽的秘訣時，老太太回答說：一是要幽默，二是學會感謝。

從二十四歲結婚起，每天她說得最多的兩個字便是「謝謝」。她感謝父母、感謝丈夫、感謝兒女、感謝鄰居、感謝大自然給予她的種種關懷和體貼，感謝每一個祥和、溫暖、快樂的日子。別人每對她說一句親切的話語，每為她做一件平凡的小事，每送給她一張問候的笑臉，她都不會忘了說聲「謝謝」。大家對她每天無數次的「謝謝」不但不厭煩，反而更加體貼關愛她了，總覺得自己若不付出更多的愛，就對不起她那一聲聲的「謝謝！」……

八十年過去了，是「謝謝」兩個字使老太太的快樂長久，使老太太的幸福長久，使老太太的生命長久，使老太太一切的一切長久。

Wisdom

心靈小語：

「謝謝」有多少，愛就有多少；愛有多少，「謝謝」就有多少。

人間需要「謝謝」，天堂也需要「謝謝」；貧窮時需要「謝謝」，富裕後也需要「謝謝」；陌生人需要「謝謝」，朋友間也需要「謝謝」；困境中需要「謝謝」，幸福裡也需要「謝謝」；凡人需要「謝謝」，上帝也需要「謝謝」……。

天堂之路

兩個人同時去見上帝，他們問上帝往天堂的路怎麼走。上帝見兩人飢餓難忍，就先給他們每人一份食物。

一人接過食物，很是感激，連聲說：「謝謝，謝謝！」另一人接過食物，無動於衷，彷彿那本就該給他似的。之後，上帝只讓那個說「謝謝」的人上了天堂，另一個則被拒之門外。

被拒之門外者不服：「我只不過是忘了說句『謝謝』罷了。」

上帝說：「不是忘了。沒有感恩的心，就說不出謝謝的話；不知感恩的人，就不知愛別人，而且也得不到別人的愛。」

那人還是不服：「那少說一句『謝謝』，差別也不能這麼大呀？」

上帝又說：「這沒有辦法。因為上天堂的路是用感恩的心鋪成的。上天堂的門只有用感恩的心才能打開，而下地獄則不用。」

Wisdom

心靈小語：

生命需要「謝謝」，生命離不開「謝謝」。「謝謝」是一塊人生天平上的砝碼，它能準確地測出你道德的高與低、生命的重與輕。因為不懂得「謝謝」的人，就不懂得人生，不懂得生活，不懂得愛，不懂得做人。文明程度越高的地方，「謝謝」出現的頻率就越高。反之，沒有「謝謝」的國家，是一個隱藏著極大危險的國家；聽不到「謝謝」的社會，是一個正在逐漸走向墮落的社會。

媽媽我愛你

有一年寒假，老師給學生們的其中一道作業是：回家替父母洗一次頭。

寒假過去了，老師感覺到，在很多學生身上正發生著某種微微的變化——比過去更加自信和快樂了。

「寒假作業都有做嗎？」參加此次活動的學生之間相互詢問著這個問題。但回答一般只有「做了」或者「沒有」。儘管大家都沉默，但「洗頭作業」還是觸動了大家內心微妙的神經。

開學後第一次班會，在老師和班長的帶動下，大家終於敞開心扉，紛紛訴說自己的感觸。

小薇的父母聽到這件事，第一個反應就是推辭。小薇耐心地解釋：「媽媽，這是學校作業，我必須完成，所以讓我替你洗一次吧！」媽媽終於同意了。

這天晚上，母女之間突然什麼話也沒有了，唯有電視的聲音還在響著。媽媽的頭放入水中。那一瞬間，小薇的手碰觸到媽媽臉上粗糙的皺紋與頭上的白髮。

小薇心裡感嘆：「媽媽年輕的時候很漂亮，現在的她真的老了很多。好像很久都沒有跟媽媽這麼近距離接觸過了。從高中開始就住校，學校離家遠，一個月難得回家一次，回家也只是要錢或拿點日用品。媽媽老得這麼快，整個人看起來又疲憊又蒼老，可是一直以來我都沒有主動關心過她！」

洗了大約十分鐘，小薇一直低著頭，不敢看媽媽，她怕自己忍不住哭起來。媽媽也沉默著，大概也想起了很多事情。

小薇決定，以後一定要多關心媽媽，為媽媽做力所能及的事情。

小柔同學第一次替媽媽洗頭的時候也沒說話，她怕自己感情失控。爸爸坐在旁邊看報紙，一句話也沒有說，氣氛突然變得有點緊張。小柔覺得有什麼東西堵住了喉嚨，鼻子酸酸的。她突然對媽媽說：「媽媽，我愛你。」爸爸、媽媽嚇了一跳，隔了一會兒也說：「我們也愛你。」

小柔說完這句話突然趴在媽媽的肩上大哭起來，媽媽撫摸著她的頭，爸爸也過來輕輕拍著她的肩頭。那天晚上，小柔一家三口就在這種親密的氣氛中說了很長的話，家裡的燈一直溫暖地亮著。

還有很多同學都表示有類似的經歷。因為這一次作業，他們與父母的關係更加融洽，也更加深刻體會到家庭的溫暖。

Wisdom

心靈小語：

我們對父母似乎總是不好意思說愛，但是在外國電影裡，經常見到這種鏡頭：多年不見的女兒輕輕抱著年邁的母親，輕聲說一句：媽媽你知道嗎，我是多麼的愛你。

也許有人覺得把愛說出口太矯情，尤其對自己的父母，更是不好意思說出來。

其實，心中的愛是應該被表達出來的。

擁抱母親

母親病了，住在醫院裡。我們兄弟姐妹輪流去看護母親。

輪到我看護母親那天，護士進來換床單，叫母親起來。母親病得不輕，下床很吃力。我趕緊說：「媽，你別動。我來抱你。」

我左手攬住母親的脖子，右手攬住她的腿彎，使勁一抱，沒想到母親那麼輕，我用力過猛，差點朝後摔倒。

護士在後面托了我一把，責怪說：「你那麼用力幹什麼？」

我說：「我沒想到我媽這麼輕。」

護士問：「你以為你媽有多重？」

我說：「我以為我媽有七十多公斤。」

護士笑了，說：「你媽這麼矮小，別說病成這樣，就是年輕的時候，我猜她也到不了六十公斤。」

母親說：「這位女孩眼力真好。我這一生最重的時候只有五十五公斤。」

母親竟然這麼輕，我心裡很難過。護士取笑我說：「虧你和你媽生活了幾十年，眼力這麼差。」

我說：「如果你跟我媽生活幾十年，你也會看不準的。」

護士問：「為什麼？」

我說：「在我的記憶中，母親總是手裡拉著我，背上背著弟弟，肩上再挑三、四十公斤的擔子去市場。我們長大後，可以做事了，但每逢有重擔，母親總是叫我們放下，讓她來挑。我一直以為母親力大無窮，沒想到她是用五十多公斤的身體，去承受那麼多重擔。」

我望著母親瘦小的臉，愧疚地說：「媽，我對不起你！」

護士也動情地說：「伯母，你真了不起。」

母親笑一笑說：「提那些事幹什麼，哪個母親不是這樣過來的？」

護士把舊床單拿走，鋪上新床單，又很小心地把邊角拉平，然後回頭吩咐我：「把伯母放上去吧，輕一點。」

我突發奇想地說：「媽，你把我從小抱到大，今天我也抱著你入睡吧。」

母親說：「快把我放下，別讓人笑話。」

護士說：「伯母，你就讓他抱一回吧。」母親這才沒有作聲。

我坐在床沿上，把母親抱在懷裡，就像小時候母親無數次抱我那樣。母親終於閉上眼睛。我以為母親睡著了，準備把她放到床上去。可是，我看見有兩行淚水，從母親的眼裡流了出來。

Wisdom

心靈小語：

要到多年之後，才突然間明白母親那份濃濃的愛，此時擁抱媽媽，對媽媽說愛，為時不晚。而另外一些人，恐怕根本就沒有想到父母的需要，他們從來就是愛的接受者而不是付出者。

溝通

很多中學生與同年齡人無話不談，卻常常與父母無話可談。經常聽到有人抱怨：「爸爸根本不了解我，還常常罵我！」「我和媽媽很難好好溝通，說不到兩句話就會吵架！」「媽媽不說話還好，她一說話我便會覺得很煩！」……

小鵬在班上是出了名「能言善道」的人物，話特別多，可是一回家就閉上嘴巴。每天放學回家吃完飯，他就把自己關在房間裡，和爸媽的交談越來越少了。小鵬說不知該和他們說些什麼，找不到共同語言。他覺得和父母聊功課根本是找罵挨，聊明星是「對牛彈琴」，聊動漫沒有趣，網路遊戲多刺激他們也不懂……坐在一起不說話又很尷尬，還是回到房間裡自在得多。

王小明自從上了高中，漸漸發現和父母沒有共同話題了。王小明的父母只有初中學歷，他說：「我老爸老媽連怎麼上網都不知道，居然以為電子郵件要到郵局去收。整天只知道叫我吃多點，多穿件衣服。我若遇到什麼問題，比方功課上不懂，他們一點都幫不上忙，我真不知要跟他們說什麼好。」

而曉葳說起和父母溝通的事情，就覺得很頭疼，她一臉埋怨地說：「老媽太八卦了，我什麼事她都要知道，經常打電話給老師就算了，還整天向同學打探我的事，查看家裡的電話記錄，搞得我一點隱私都沒有。老媽既然這麼有『辦法』，還需要我跟她說什麼呢？」

小菲成績很優秀，最近一位帥哥經常找她聊天，有不少同學都起哄，說小菲和帥哥「戀愛」了。小菲對這種起哄感到很不安。家教甚嚴的她在爸媽面前總是很心虛，生怕自己在言語交談中不小心洩露這個秘密，於是每天除了必要的禮貌性對話外，小菲總是藉口要讀書，很少主動跟爸媽交談，經常是大人問一句，她答一句，就像完成任務一樣。

一般來說，上了中學以後，青少年的自我意識逐漸增強，有強烈獨立自主的願望，很多人和父母的關係也在不知不覺中疏遠了。

而溝通本身就不是一件容易的事情。有時候雖然表面上與父母相處得很好，但心並不相通，經常覺得父母沒有真正理解自己，沒有把自己當作一個獨立的人來尊重，還當作沒有長大的孩子一樣看待。

從父母的角度來看，其實他們很願意和孩子溝通的，希望孩子能把真正的想法告訴他們。

Wisdom

心靈小語：

如果能抽出點時間來理解父母，聽聽他們的想法，將會出現兩種難以置信的結果：首先，你會得到父母更多的尊重。其次，多瞭解父母，聽聽父母的心聲，你的想法和做法也就更有可能得到他們的理解和同意。

另外，儘管我們感到自己長大了，已經有足夠的能力自己做主，但實際上還有許多事情是我們這個年齡無法掌握的。而父母經歷過的事情很多，可以給我們不少寶貴的人生經驗。

當然，和父母聊天同樣也要誠心誠意，投入一定的時間和精力，這也有助於我們學會理解、關心別人。

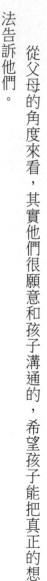

鞠躬行禮

今天是我十六歲的生日，但我並沒有感到特別快樂。本來想邀請幾個朋友去唱歌聚餐的，爸爸偏偏請了叔叔和阿姨，說要出去慶祝一下。

坐在計程車上，看著爸媽笨手笨腳的姿態，我感到難堪，司機肯定一眼就看出他們不常叫車了。不少同學家裡都有汽車了，而爸媽仍然騎著老式的摩托車。

終於到了吃飯的地方，我一看更加失望了，原本以為爸媽難得有興致，應該去一個豪華的飯店，誰知竟是如此普通的餐館。人家同學過生日的時候，他爸媽請他到五星級飯店吃西餐！

餐桌上，四個大人沉悶地談一些陳年往事，彷彿他們到這裡來，不是為了幫我過生日，而是為了懷舊。我坐在一邊生悶氣，一句話也不想說。想像中的生日驚喜一點跡象都看不出來，除了那盒貌不驚人的蛋糕，還是它也算得上驚喜？蛋糕現在暫時擱置在餐館的窗台上，孤零零的。我想起來了，是從門前那矮小的零食店裡買的，一點兒也不氣派。

吃完飯，打了包，清理乾淨桌面，蛋糕終於擺上來了，上面用人造奶油鬆鬆垮垮地寫著四個字：「生日快樂」，連我的名字都沒有。是不是少寫幾個字，就能省點錢？

蠟燭被我吹熄後，媽媽小心翼翼地把它們拔出，擦淨，用原來的包裝盒重新裝好，喃喃道：「還能用呢。」

天哪，可不要等到明年繼續用，我想。

爸爸開始切蛋糕。第一塊竟然給了阿姨，第二塊給了叔叔，第三塊才給了我。

我繃著臉，抓起叉子，準備把蛋糕狠狠吞進肚中。猛然間聽見爸爸要我起立，向叔叔阿姨行禮。我很茫然，不情願地起來，兩眼斜視，望著牆壁。這時爸爸說，天！今天到底是不是我生日！

十六年前生我那天，是阿姨送媽媽去醫院的。

噢，原來如此，那就行個禮吧。

阿姨慌忙阻攔說：「孩子，你應該給你母親行禮。你母親身體不好，冒險懷上你實在不是一件容易的事。你要為母親自豪，她很堅強，她讓你來到世上。」

母親有些激動，坐不安穩，被桌子碰了一下，露出痛苦的神色。原來，前幾天她冒雨騎車上班的路上，不慎跌傷了腿。她眼角的皺紋比往日更深，受傷的瘀青看起來更黑了，但她樸素的衣著卻格外美麗合體。她此刻目不轉睛地看著我，慈祥、愛憐。

我感到臉頰發燙，鼻子酸酸的，想哭。

我把椅子拉開，讓空間增大一些，然後，深深地向媽媽鞠了一個躬，又深深地向爸爸鞠了一個躬。

我握住拳頭，用指甲緊扣手心，暗自決定：今後每逢生日，都要鄭重鞠躬，感謝父母，感謝生命，感謝一切有助於我生命的人。

Wisdom

心靈小語：

自己從零開始，然後知道了一二三；從爬開始，然後學會了站；從牙牙學語開始，然後學會了讀書求學……這個漫長的過程多麼艱辛啊！其間少不了風風雨雨、磕磕絆絆。母親給了自己生命，父親給了自己成長，親朋好友給了自己莫大的關懷。這一切的一切，怎麼能夠忘記呢？沒有陽光，萬物皆滅；沒有清泉，生命皆枯萎。

所以，在你生日那天，請多想想父母親吧！想想她愛憐溫柔的眼睛，想想她永遠寬容的懷抱；想想他無怨無悔的曾經歲月，想想他隱隱出現的白髮。

送往公墓的生日禮物

午後的天灰濛濛的，烏雲很厚，一點風都沒有，似乎是快要下雨的跡象，就像一個人要打噴嚏，可是又打不出來那樣，實在很難受。

多爾先生情緒很低落，他最討厭在這樣的天氣出門。不過為了生計，他還是認命的出去了。離火車啟程的時間還有兩個小時，於是他信步來到站前廣場閒逛，藉以打發時間。

「太太，行行好。」突然有個聲音吸引了他的注意力。循聲音望去，他看見不遠處有一個衣衫襤褸的小男孩伸出鷹爪般的小黑手，尾隨著一位貴婦人。那個婦女牽著一條毛色純正發亮的小狗急匆匆地趕路，生怕小黑手弄髒了她的衣服。

「可憐可憐，我三天沒有吃東西了，給一角錢也行。」

實在甩不掉這個乞丐，婦女轉回身怒喝：「滾！這麼小就學會要錢了！」小乞丐站住腳，滿臉失望。

真是奇怪的世界，多爾先生想。聽說有一種人專門靠乞討為生，甚至還發了大財呢。還有些大人，專門指使一幫孩子乞討，利用人們的同情心。說不定這些大人就站在附近觀察呢，也許這些人還是孩子的父母。如果孩子達不到定額，回去就會挨罰。不管怎麼說，孩子也怪可憐的，這個年齡本該去上學，在課堂裡學習才對。這個孩子跟自己的兒子年齡相仿，可是……他的父母也太狠心了，無論如何都應該送他上學，讓他學習自食其力，成為對社會有用的人才是。

多爾先生正思忖著，小乞丐走到他眼前，攤著小髒手說：「先生，可憐可憐吧，我三天沒有吃東西了，給一角錢也行。」不管這個乞丐是出於生活所迫還是欺騙，多爾先生心中一陣難過，他掏出一美元，遞到他手裡。

「謝謝您，祝您好運！」小男孩咧嘴微笑，金黃色的頭髮都黏成了一大塊，全身上下只有牙齒和眼球是白的，或許連他自己都忘記上次洗澡是什麼時候了。

樹上鳴蟬在聒噪，空氣又悶又熱，像龐大的蒸籠。多爾先生不願意太早去候車室，便走進一家鮮花店。他有幾次在這裡買過禮物送給朋友。

「您要買點什麼？」賣花小姐禮貌又有分寸，且訓練有素。

這時，從外面又走進一個人，多爾先生瞥見那人正是剛才的小乞丐。小乞丐很認真地逐個端詳櫃檯裡的鮮花。

「你想看花嗎？」小姐這麼問，因為她從來沒有想到小乞丐會來買花。

「一束萬壽菊。」小乞丐竟然開口了。

「要我們幫你送去給什麼人嗎？」

「不用，麻煩您幫我寫上『獻給我最親愛的人』，下面再寫上，『祝媽媽生日快樂』！」

「一共是二十美元。」小姐一邊寫，一邊說。

小乞丐從破衣服口袋裡嘩啦啦地摸出一大把硬幣零錢倒在櫃檯上，每一枚硬幣都磨得亮晶晶，裡面可能就有多爾先生剛才給他的一美元。他數出二十美元，然後虔誠地接過下面繫著卡片的花轉身離去。

原來這個小男孩還懂得情趣呢，這是多爾先生從沒想過的。

火車駛出月台，多爾先生望著車窗外，雨終於落下來了，路上沒有行人，只剩各式車輛穿梭。突然，他發現剛剛那個小男孩。風雨中，只見他手捧鮮花，一步步緩緩地艱難前行，瘦小的身體更顯單薄。多爾發現他的目的地是一片公墓，他手中的萬壽菊迎著風雨開放著。

擊。

車輪撞擊鐵軌的速度越來越快，多爾先生也感到胸膛中一次又一次的強烈衝

Wisdom

心靈小語：

一個衣不蔽體、食不果腹的小乞丐，心中竟然有如此神聖的一片天空，令人動容。相形之下，我們自己呢？有誰知道母親的生日？「誰言寸草心，報得三春暉」。父母的給予從來都是無私的。然而子女回報父母的，卻屈指可數。烏鴉尚懂得「反哺」，作為人的我們，有時候卻反而忘了這個道理。那個在風雨中抱著菊花艱難前行的小乞丐，讓我們汗顏。

母親的胃口

鄉下母親經常趕場，然後順便來我家坐坐，常被我和妻子挽留吃飯。也不知怎麼搞的，在鄉下胃口一向很好的母親來到我家裡卻總是吃不下多少飯菜。有時反覆勸她多吃點，她總推說「吃飽了」，便放下碗筷。

我很好奇，母親在鄉下辛勤勞作，胃口好得很，做農活餓了吃兩、三碗飯是常事。我在鄉下時常聽母親說她有一次去城裡親戚家，吃飯時見到飯碗才拳頭那麼大，盛上的飯連鄉下大碗的三分之一都不到，心裡就擔心那飯怎麼吃得飽呀！母親說，咱鄉下人在城裡人家得懂禮貌，要是餓起來真要吃的話，吃上十碗八碗也沒問題的。所以母親每次來，我都特意換上稍大的碗吃飯，但母親就是吃不了多少。是飯菜不合口味，還是母親的食量已減少到了如此程度？

有一次，父親偶然對我說：「你媽每次到你那裡回來都還要吃很多飯。」我再三追問父親是怎麼回事，父親才在反覆叮囑我「不要告訴你媽是我說的。」並道出了實情。

原來，母親年紀大了，牙齒不如以前好，吃東西也比以前慢得多；而我和妻正值壯年，三兩下便搞定一頓飯，所以母親不好意思一個人慢慢地在飯桌上吃。

我終於恍然大悟，我想起小時候去親戚家，母親總要再三告誡我不要最後下桌，否則人家會笑你貪吃。務農的母親，這些純樸的想法已經根深蒂固地存留在了骨子裡。

此後每次母親來吃飯，我和妻總會放慢吃飯速度配合母親，這樣母親竟也能吃下不少的飯菜。而今想來，我們每個人小時候，不也是在母親的呵護下慢慢地一口一口吃飯嗎？我們為何不能在母親年老時陪伴一下呢？！

Wisdom

心靈小語：

是我們從母親身上索取最多，但母親總是很容易滿足，只需兒女對她發自真心的一個微笑、一句話語就夠了。不管從精神或心理上，兒女都應該為父母多做些什麼才是。

尊敬

美學家朱光潛教授，晚年常沿著任教大學圖書館旁的那條大道躑躅散步。每當學子們騎自行車經過此地，總會在很遠的距離前便跳下車來推著走，直到經過他身邊後，才又騎上車馳去。這些學子未必都是朱光潛的門生，他也未必都認識。學子們之所以如此尊敬他，乃是仰慕這位大學者的人品、學識和才華。

Wisdom

心靈小語：

一個人能獲得眾人的尊敬是很不容易的。有的人曾熱心幫助別人，受助者在脫離困境後，往往對其感恩戴德，但這也不能說是尊敬，而是感激。真正的尊重是像這樣，像人們對待朱教授那樣。

騷擾電話

買了新房子之後，我們一家三口滿心歡喜地搬了進去，留下老母親一個人獨自守在舊公寓裡。

也曾想與老母一同搬進新家，可是妻子與老母關係不好，兒子也不願與嘮叨的奶奶在一起，只好作罷。只說今後每星期日都會來看媽。

我們的心情隨著搬入新家而快活起來，生活充滿了歡歌笑語，記憶中的老房子漸漸生疏模糊，也懶得再去走動。

一天，我從外地出差回來，妻子說家裡經常有莫名其妙的電話打來，一接通對方馬上就掛斷了，她感到十分奇怪。我回答她，現在的小孩子閒得無聊，專愛聽女人聲音求刺激，只是騷擾，不要管他。

可是不久之後，我也接連不斷接到此類電話，有時夜深人靜伏案寫作，電話鈴響了，剛一聲「喂」，對方頓了一下，馬上就掛斷了，弄得我靈感頓失，有時忍不住一頓臭罵。

直到一個星期天，一家人忙著準備晚飯，我拿著錢包正準備下樓買醬油，電話鈴又響了，頓了一下便掛斷。我十分惱火的說，明天一定去買個有來電顯示功能的電話，看到底是何人搗亂，告他騷擾罪。氣呼呼下樓時我突然見樓梯底下一團黑影猛一閃急欲出門，吃了一驚。可一見那人步履蹣跚，斷住來人去路一看，我驚呆了：「啊，是母親！」

母親一見我，趕緊低下頭，說對不起，不該打電話騷擾你們，讓你下樓看我。

我更奇怪了，我問母親難道這些電話都是你打的？母親頭更低了，說有時想你們想得太厲害，又不敢常來找你們，打個電話聽聽你們的聲音，心裡就踏實多了。偶爾有幾天家裡電話沒人接，就覺得很擔心，想說是不是家裡出了事？也不來通知媽媽一聲。有時我很晚仍聽出你在讀書寫字，真想勸你多保重身體，可你總嫌囉唆，我只好悶在心裡。每個星期天，我都搭車到你新家樓下，聽你們一家三口歡聲笑語，心裡覺得真甜蜜。

我突然一下子什麼都明白了，霎時淚水模糊了我的雙眼，母親愣愣地看著我，兩行眼淚也不由自主地落了下來。我緊緊拉住母親那佈滿老繭的手，倆人攙扶著一步步上樓，直到邁進那溫暖的家裡，都不捨分開。

Wisdom

心靈小語：

孝順，我們經常掛在嘴上，但在生活的細枝末節上卻經常忽略。人小的時候偎依在母親的懷中，母親知道我們的需要；長大之後離開了母親的懷抱，我們卻完全忘了母親的需要。

給母親一個擁抱吧，挽起她的手給她一個實實在在的微笑。

快樂秘訣

一個漂亮的小女孩經過一片草地時，看見一隻蝴蝶的翅膀被荊棘弄傷了，她小心翼翼地為牠將刺拔掉，讓牠飛回到大自然的懷抱。

後來蝴蝶為了報答小女孩的救命之恩，化成一位美麗的仙女，對小女孩說：「因為妳的仁慈，我送給妳一個願望。請妳許願，我會幫助妳實現它。」

小女孩想了想說：「我希望得到快樂。」於是仙女彎下腰在她耳邊悄悄細語一番，然後便消失了。小女孩得到仙女的秘訣，後來果真很快樂。

一天，這個貧窮人家的小女孩，和幾位小姐妹一起到城裡去，希望用小小的一筆錢購回期待已久的黃絲帶。

就在女性化妝品專櫃前，她看見一個小男孩因為失手摔碎了剛買的七色鏡而淚流滿面，於是她便用自己所有的錢買了同樣的七色鏡送給小男孩。就在那個小男孩破涕為笑轉憂為喜的時候，她的心也跟著高興起來。

這些看似不經意的情感細節，不過是滾滾紅塵中一粒細細的塵埃，但它卻永遠地充滿了那個小女孩的心靈。

想必你也猜出來了吧。那位仙女給小女孩快樂的秘訣就是：「身邊的每個人，都需要你給予愛心。」

Wisdom

心靈小語：

如果每個人都真誠地奉獻自己的一份愛心，關懷那些弱小、受到傷害、真正需要幫助的人，那麼，我們的世界就會成為一個充滿愛的天堂。有一首歌唱道：「只要人人都獻出一點愛，這世界將變成美好的人間。」何不試著做一做呢？

沉默是金

一天，一個長辮子的時髦女孩剛擠上公共汽車，就覺得自己的長辮被後邊的人抓住了。

她使勁拉了拉，卻拉不動，感覺後邊的人還繼續抓著，於是猛地轉身，給了後邊那人一記耳光——天！那居然是個穿著軍服的軍官！但軍官保持了沉默，只是紅著臉笑笑。

於是長辮子女孩更生氣了，罵了句「流氓！」揮手又給軍官一個耳光。這名軍官仍然保持沉默，只是紅著臉指了指車門——原來，女孩的長辮子是被車門夾住了。

女孩的臉突然間紅了，一句話也說不出來。軍官只是看了看她，微微地點點頭，表示諒解。而且，彷彿是為了不讓女孩難堪，車子在下一站停靠時，軍官就小心翼翼地擠下車，走了。

看了看他離去的身影，女孩的淚不由自主地流了下來……

Wisdom

心靈小語：

沉默是一種力量，幫助了別人卻遭人誤會，這樣的事常有。但是沒有反抗，沒有爭吵，只有無聲的沉默，其實這也就夠了。有時不批評比批評更有震撼力。

感謝你的沉默

有一個沉默的男孩，同排坐的是一個女孩。女孩性情孤傲，拒人於千里之外，整天下巴抬得高高的，似乎不屑於和同學交往。

不久，女孩住院了，老師說她得了肺炎。而真實的情況只有男孩知道，因為他的爸爸是腫瘤科的大夫，是女孩的主治醫生。爸爸告訴他，你的同學得了不治之症，已沒法手術了，唯有等待，等待那最終可怕的結局到來。

於是，男孩每天都把女孩的桌椅擦拭一遍，同學們向他投來異樣的目光。男孩始終沉默著，沒有在班上透露女孩的任何情況。

三個月後，女孩來上學了，白衣素裙，面色蒼白。女孩只知道自己的病情是肺炎，父母沒有告訴她真相。因為她憂鬱的性格，待在家裡不好，所以想讓她在熱鬧的學校裡，度過最後的時光。

男孩特別的關照著女孩，常常主動和她搭訕，在她臉色格外蒼白時，趕緊為她倒來一杯熱水。有一次，他不知怎麼打聽到了她的生日，就動員全班同學製作賀卡，簽名後送給她。

同學們議論紛紛，擠眉弄眼，說他是她的忠實粉絲。女孩也開始躲著男孩，但又無力拒絕男孩的關照。男孩一如既往，每天把女孩的桌椅擦得乾乾淨淨，為女孩倒來開水，用沉默的方式回應周圍的一切。慢慢的，大家習慣了他對她異乎尋常的關心。

學期中，女孩幾次發高燒住院。好些了，又回到學校；再發燒，又再次住院。男孩對女孩的關照更多了。

直到有一天，奇蹟發生了。女孩體內的癌細胞突然沒有了，她痊癒了。醫生說，人體透過發高燒殺死癌細胞的報導是有的，不過機率非常低，大概不超過百萬分之一。女孩的康復是個奇蹟，她的父母喜極而泣。這時，女孩才知道事情的真相，也知道了那個男孩與她的醫生之間的關係。

女孩回來上學了，依然是白衣素裙，只是臉上出現了紅潤的光澤。她悄悄地寫了一張紙條給男孩，上面只有六個字：

感謝你的沉默。

Wisdom

心靈小語：

默默地奉獻你的關懷，不僅改變了他人，同時也快樂了自己。為了他人，保持沉默。因為沉默是金，因為沉默有時會產生奇蹟。

相信自己，永不放棄

不要因為別人替你貼上不好的標籤，
就認為自己是不好的，
只有你能為自己的生命下註解。

Part 3

奉獻

幫助別人走出困境，
同時也美麗了自己的一生，
何樂而不為。

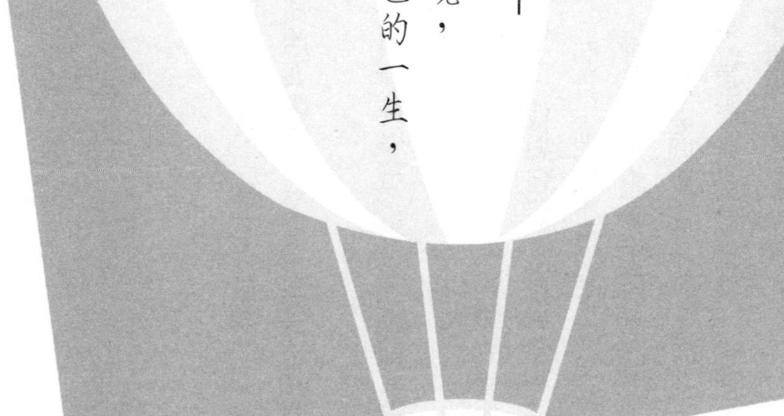

每年一束花

喬治在華盛頓一家保險公司擔任營業員，有一次他為女友買花時，偶然間結識了那家花店的老板——麥克。喬治與麥克的交情也僅僅是認識，談不上熟悉，只去過花店裡買過兩回花罷了。

後來，喬治因為替客戶處理一筆保險費理賠，被莫名其妙地控以詐欺罪入獄，他要坐十年的牢。聞此消息，女友離開了他。

十年太長，喬治過慣了熱鬧、激情的生活，突然的變故使他不知該如何打發這漫長、沒有愛，也看不到光明的日子，他對自己一點信心也沒有。

喬治在監獄裡度過了煩悶的第一個月，他幾乎要瘋了。這時，有人來看他了。在華盛頓他連一個親人都沒有，實在想不出有誰還會記著他。

在會客室裡，他愣住了。原來是花店老闆麥克。麥克帶來了一束花給他。

雖然只是一束花，卻為喬治的牢獄生活帶來了生機，也使他看到了人生的希望。他在監獄裡開始大量地讀書，鑽研電子科學。

六年後，他獲釋了，先在一家電腦公司做僱員，不久自己開了一家軟體公司。

兩年後，他身價過億。

成為富豪的喬治，去看望麥克，卻得知麥克已於兩年前破產了，一家人貧困潦倒，舉家遷到了鄉下。

喬治把麥克一家接回來，替他買了一幢樓房，又在公司裡為麥克留了一個位置。喬治說，是你當年的一束花，使我留戀人世的愛和溫暖，給予我戰勝厄運的勇氣。無論我為你做什麼，都不能回報當年你對我的幫助，我想以你的名義，捐一筆錢給慈善機構，讓天下所有不幸的人都感受到你博大的愛心。

後來，喬治果然捐了一大筆錢出來，成立了「華盛頓陌生人愛心基金會」。

Wisdom

心靈小語：

奉獻愛心，去愛每一個人，是每個人都很容易做到的事，一句話、一個微笑、一束花就夠了，這對我們來說並不會損失什麼。愛是人生最美好的情感，像花朵開出來，芳香別人，自己得果實。愛心為何要藏於心底呢？幫助別人走出困境，同時也美麗了自己的一生，何樂而不為呢？

最後一美元

二十年前那個雨雪霏霏、下著大雪的季節，剛剛從中學畢業的我，帶著對音樂的狂熱，隻身來到納許維爾，希望成為一名流行音樂節目主持人。

然而，我卻四處碰壁。一個月下來，口袋裡差不多已空空如也。幸而一位在超級市場工作的朋友偷偷把店裡準備扔掉的過期食品帶出來接濟我，我才勉強度日。最後，我只剩下一美元，卻怎麼也捨不得把它花掉，因為上面滿是我喜愛的歌星親筆簽名。

一天早晨，我在停車場留意到一名男子坐在一輛破舊不堪的汽車裡。一連兩天，汽車都停在原地。而那名男子每次看到我都溫和地向我揮揮手。我心裡納悶，這麼大的風雪，他呆在那兒幹嗎？

第三天早晨，當我走近那輛汽車時，那名男子把車窗搖下來。我停住腳步，和他攀談起來。交談中我瞭解到，他是來這裡應徵的，但因為早到了三天，無法立即工作。口袋裡又沒錢，所以只好呆在車裡不吃不喝。

他忸怩片刻，然後紅著臉問我是否可以借給他一美元買點吃的，日後再還我。

然而，我也是自身難保。我向他解釋了我的困境，不忍看到他失望的表情而轉身離去。

剎那間，我想起口袋裡的那一美元。猶豫了片刻，我終於下了決心。我走到車前，把錢遞給了他。他的兩眼頓時亮了起來。「有人在上面寫滿了字。」他說。他沒有留意那全是親筆簽名。

那一天，我盡量不去想這珍貴的一美元。然而時來運轉，就在當天早晨，一家電台通知我去錄節目，薪金五百美元。從那以後，我一炮而響，成為正式節目主持人，再也不用為吃穿而發愁了。

我沒有再見過那名車上的男子。有時心想，他到底是乞丐，還是上天派給我的幸運之神。但有一點我是清楚的，這次重要的考驗我通過了。

Wisdom

心靈小語：

錦上添花、順手幫忙的助人固然是一種美德，但當自己也身處困境卻能伸出援手，更令人感動。真正考驗人格的是那最後的一美元，犧牲自己的利益而助人，能通過這樣考驗的人，確實難能可貴。

大房簷

有位富翁很有善心，蓋房子時他特地要求師傅把房簷加長，好使貧苦無家的人，都能在此擋風遮雨。

房子建成了，果然有許多窮人聚集簷下，他們甚至擺攤子做起了買賣，並生火煮飯。嘈雜的人聲與油煙，使富翁不堪其擾，不悅的家人也常與簷下的人爭吵。

冬天，有個老人在簷下凍死了，大家交口罵富翁不仁。

夏天，一場颶風刮過，別人的房子都沒事，富翁的房子因為房簷過長，居然被掀了頂。村人們都說他是惡有惡報。

重修屋頂時，富翁要求只建小小的房簷，因為他明白：施人餘蔭總讓受施者有仰人鼻息的自卑感，結果由自卑變成了敵對。

富翁把錢捐給慈善機構，並蓋了一間小房子，所能蔭庇的範圍遠比以前的房簷小，但是四面有牆，是一幢正式的房子。許多無家可歸的人，都在其中獲得暫時的庇護，並對房子的施主感恩戴德。

沒過幾年，富翁成了村子裡最受歡迎的人，並且對他非常尊敬。當他死後人；

們仍對他念念不忘，時常去墓地紀念他。

心靈小語：

施恩雖不圖報，卻要小心避免抱怨，好的願望透過好的方法，必會有好的結果。

行善接力

一個名叫梅農的人初抵印度新德里，想在政府機關找份工作。但是他剛抵達目的地，所有的財物便在火車站被人偷光。他進退兩難，於是向一位年老的錫克教徒訴說苦處，希望能借到十五盧比暫時應急，並承諾一找到工作就還錢。那人把錢借給了梅農，但硬不肯說給出自己的姓名和住址，只是說，施恩的是一個陌生人，接受施恩的也該是一個陌生人。

梅農終身不忘這筆債，後來也以行善出了名。不久以前，我在孟買機場寄存行李櫃檯前想領回我的行李，可是身邊沒有印度錢幣，服務員又不肯收旅行支票。這時，我旁邊一位陌生人替我付了寄存行李費，然後把梅農的故事講給我聽，叫我不必計較該還給他多少錢。他解釋說：他父親是梅農的助手。

Wisdom

心靈小語：

從一位不知名的錫克教徒到一名印度公務員再到他的助手，再從助手到他兒子然後到一個狼狽萬分的外國人，雖然所贈有限，但其心意遠遠超過錢的金額多少。它令我時時想起，我該為別人做點什麼？這種行善接力會在許多心靈中播下愛的種子，從而使行善成為很多人的習慣。

光榮

數十年前在香港，不少政府高級職位都是由英國人出。而華人若想在政府單位工作，即使是同等學歷和經驗，職位往往低得多。

即使在商界，當時英資企業也一樣享有某種程度上的特權。譬如當時的怡和、置地、太古等公司，其企業領導人可以順理成章地進入當時的立法局及行政局，可以最快獲悉香港政治經濟最機密的訊息，從而為自己的企業謀取利益。華人的權益在當時備受壓抑，這是事實。

李嘉誠有幸成為第一個將這個慣例打破的華人。一九八一年，長江實業公司成功地收購了當時仍然是英資洋行的和記黃埔有限公司，並出任該公司董事局主席，他成了第一位能夠成功收購英資洋行，而且坐上洋行的最高領導位置的華人。

李嘉誠成功收購了和記黃埔有限公司之後，英資集團開始認識到，他們在香港的特權很可能時日無多了，而且華資集團的勢力將會日益強大，再也不是好欺負的了。他們開始對華資集團有新的看法，不再像以前一樣，認為華資集團是次等的，而英資集團則高人一等。

自從李嘉誠成為第一位在香港出任英資洋行最高決策者的華人之後，不少英資集團隨之失勢，因為經營不善而被華資集團收購合併。從此，香港華人的地位得到提高，受外國人歧視的情況越來越少。

香港回歸前，集團中有人提出應否將長江實業搬遷。但李嘉誠對他們說，他對中國的前景極其樂觀，他相信中國政府於一九九七年之後在香港實行一國兩制、港人治港的誠意。中國國家領導人只會希望中國在恢復行使香港的主權後，香港越變越好，市民的一切生活，包括自由等，一定會五十年不變。既然是這樣的話，香港在一九九七年之後的政治環境，又何需有絲毫的擔心？於是他指示下屬們不要再提搬遷這一話題。

其後，李嘉誠在港的投資不斷增加，這也因其對國家的未來經濟發展頗有信心。不單如此，他更加希望自己能夠在推動國家的經濟發展上盡一分力，能夠看到國家富強起來，在世界政治舞台上，能夠受人尊重。

被《財富》雜誌評為世界十大巨富之一後，李嘉誠意識到，自己是華人之中第一位能夠列入世界十大巨富的人，這不單是他的光榮，更是每一個中國人的光榮。李嘉誠用事實告訴世人，中國人一樣有傑出的人物，可以從一無所有白手起家，赤手空拳創出偉大事業，創立跨國的大集團。

心靈小語：

無論哪個民族的人民，都是愛自己的國家的……。每回有國際棒球比賽時，看到全民瘋運動，為自己國家的隊伍加油，那種團結一心總令人感動。出國如果被其他膚色的民族歧視，心理當然也不會好受。要在世界上不受其他人歧視，就要我們努力去爭取成就，不論在經濟、科技發展、文化上，都要使其他人不敢輕看，不容尊嚴受到損害。

硬幣上的國號

一所大學的校園裡並肩走著兩個學生，一個是台灣大學生，另一個是外國留學生。台灣學生今年讀大四，主修國際貿易，他很想出國去見見世面。外國留學生熱愛中國悠久的歷史文化，到台灣來學習中文。兩個人很要好，經常一起聊天。一個為了練習會話，一個為了多打聽國外留學的訊息。

一天，兩人又在校園大道上邊走邊談，照例台灣學生又問了許多關於出國留學的事，外國留學生也仍舊細心地回答，最後外國留學生問道：「你出國以後還想回來嗎？」

「你覺得呢？」台灣學生反問道。

「多數留學生出去以後，只要有機會，他們都是不願意回來的。除非他們實在是混不下去了。」外國留學生笑了笑。

「我是願意回來的……我覺得這裡還是很需要我們，特別是需要從國外帶回來知識和技術的人才。以前這種人才的確回來得很少，難怪有人說台灣的留學生是為外國企業準備的……不過我是愛國的那種。」兩個相視一笑。

台灣學生伸手往褲袋裡掏煙，忽然，「噹」的一聲，一個小東西從他口袋裡掉了出來。兩人停了下來，幾乎同時向地上看去，一枚一元的硬幣躺在兩人中間。台灣學生「嘿」了一聲，不屑的對著沾了土的硬幣踢出一腳，硬幣「嗖」地飛出去三四米。

外國留學生大叫一聲：「Oh！no！」

台灣學生驚訝地呆望著他，不知他為什麼no，不就是一元嗎？

「難道你不知道，硬幣上有貴國的國號嗎？」外國留學生一字一句地說道，顯然有些憤怒。

台灣學生默默無語，呆呆地站在那兒……

心靈小語：

有句俗語叫「心動不如行動」。說得再多不如做一件事實在，而很多人就是因為話說得冠冕堂皇，但在行動上哪怕是一件小小的事都無法做到。要知道為人也好，愛國也好，需要我們從小事做起，因為每件事都是衡量我們心靈的天平。

破戒就破戒

世尊佛在世時，有一個女子出家修道，修習多年，得到六神通，獲得無窮的力量，最後得到羅漢果。

一天，得到羅漢果的比丘尼，到城中的貴婦家中，用出家人之語，勸說身份高貴的婦人們出家。眾貴婦人回答：「我們這些人年輕俊美，姿容艷麗，很難持戒。如果我們出家，耐不住寂寞孤獨，恐怕就會破戒，而一旦破戒，也就墮入地獄中，受到各種懲罰，這怎麼可以呢？」

比丘尼見她們有所顧慮，就說：「破戒就破戒，也沒什麼，只要堅定出家；入地獄就入地獄，轉世仍可以從地獄中出來。一切都由因緣所定。」

貴婦人聽此言，都笑著說道：「願聞其詳。」

比丘尼說：「我的前世是一個戲女，穿各種美麗的衣服，說各種各樣的戲中話。有時穿著比丘尼的衣服，嬉笑一番，供人觀看。因為這個緣故，那時迦葉佛就勸說我出家為尼。迦葉佛曾是一個比丘尼，然而他自認為出身高貴，容貌端正，驕氣傲慢，就破了禁戒，所以墮到地獄裡。先被鞭撻，又被錘子擊身……受到了種種懲罰。後來，他隨釋迦牟尼佛出家修行，得到阿羅漢道。所以，雖然先有破戒之事，但後學法修道也能得道果。」

心靈小語：

人難免犯錯，只要能改正就好。不必對自己的錯誤耿耿於懷，也不要對別人的錯誤窮追不捨。最好堅持「懲前毖後，治病救人」的原則，盡量給別人和自己一定的改過機會。

禪師和摔跤手

大波是日本一位著名的摔跤手。他體格強壯，且精於摔跤之道。但他有一個弱點：在私下較量時，連他的老師也不是對手；但在公開表演時，他卻靦腆得連自己的徒弟也敗不了。

大波覺得他應該去求教一位禪師，當時的遊方禪者白隱恰好在附近的一座小廟中歇腳。於是，他便前去叩見，並向禪師請教這個問題。

「你的名字叫大波，」這位禪師指示說，「那麼，今晚就在這兒廟中過夜吧。想像你就是那巨大的波濤，並不是一個怯場的摔跤手，而是那橫掃一切、吞噬一切的狂濤巨浪。你只要如此去做，不久就會成為全國最偉大的摔跤手了。」

禪師休息去了。大波開始打坐，嘗試將自己想像成為巨浪。起初，他雜念紛飛，想了許多別的事物；但不久之後，他對波浪愈來愈有感應了，夜愈深而波浪愈來愈大。波浪捲走了瓶中的花，甚至連佛堂中的佛像也被淹沒了。黎明尚未來到，只見海潮騰湧，廟也不見了……

到了天明，禪師發現大波仍在打坐，微笑著拍了拍這位摔跤家的肩膀，「現在，什麼也不能令你煩惱了，」他說，「你可以橫掃一切了。」

這天大波參加摔跤比賽，大勝而回。自此以後，全日本沒有一個人可以把他打敗。

Wisdom

心靈小語：

打架不一定弱的輸，賽跑不一定快的贏。除了體力和技術之外，心態、智慧、信念和勇氣也是很關鍵的因素。

張公百忍成金

山東張公五世同居，百忍家道興。據說他發願，在他的一生中，要行一百件大忍辱的事。

忍過了九十九次之後，第一百次是他的孫子娶妻那一天，突然來了個道人，要試驗他是否真有忍辱功夫。便向他要這個新娘子，先給自己做一夜夫妻，這件事使張公很感為難，但他寬大一想：我什麼侮辱事都忍受過了，這最後一次忍辱有什麼不能呢？

於是，他勸其孫兒，完成他的百忍大願，忍辱一下。

後來這位道人在新娘房中，跳個不休，嘴裡不停地說：「看得破，跳得過。」跳到天亮，忽然倒在地上死了，新娘駭叫起來。待眾人來看時，已變成了一個金人，張家由此致富。

所以，民間說「張公百忍成金」。在山東，到現在還有一座巍峨的「百忍堂」紀念他忍辱的德行。

心靈小語：

為人處世必須要學會忍耐。所謂學會忍耐，就是要學會不做蠢事，不做那些逞一時痛快，後來會懊悔不已的事。不能忍耐的結果，往往是不得不更長久的忍耐。

你願意奉獻一雙鞋嗎

牧師講道的內容使一位會友大受感動，在會後這位會友告訴牧師，他願意將自己完全奉獻給上帝。

牧師問他：「如果你有兩輛汽車，你願意奉獻一輛嗎？」

他說：「願意。」

牧師又問：「如果你有兩棟房子，你願意奉獻一棟嗎？」

他又說：「願意。」

牧師又再問一個更簡單的問題：「如果你有兩雙皮鞋，你願意奉獻一雙嗎？」

他卻說：「不願意。」

牧師非常驚訝地問為什麼？他說：「因為我沒有兩輛汽車，也沒有兩棟房子，皮鞋卻有兩雙。」

Wisdom

心靈小語：

要答應施予自己所沒有的東西很容易，但若真的把自己所擁有的拿出來，就是一種高尚的情操。社會上每一項善舉，都是難能可貴並且值得我們尊敬和學習的，不是嗎？

旅者

有一次，冒險家傑夫和一個旅伴穿越阿爾卑斯山的某個山峰，他們看到一個躺在雪地上的人。

傑夫想停下來幫助那個人，但他的同伴說：「如果我們帶著這個累贅，就會丟掉自己的命。」但傑夫不能想像丟下這個人，讓他死在冰天雪地之中的情景，他決定帶這個人一起走。

於是旅伴跟他告別了。

傑夫把那個人抱起來，放在自己背上，他使盡力氣背著這個人往前走。漸漸地，傑夫的體溫使這個凍僵的身軀溫暖起來，那人活過來了。過了不久，那個人恢復了行動能力，於是兩個人並肩前進。當他們趕上那個旅伴時，卻發現他死了——是凍死的。

原來，傑夫因為背著人走路增加了運動量，保持了自身的體溫，和那個人一起抵禦了寒冷。

Wisdom

心靈小語：

傑夫救了那個倒在雪地中的人，結果他們互相取暖都保住了生命，而那個旅伴卻由於自私而無法與人共同抵禦寒冷，失去了生命。人生的旅途上，溫暖別人的同時，常常也會溫暖自己。

新種子

給予總是相互的。我們都不是孤立存在於社會之中，我們不僅需要接受，還需要給予。

有一位農民，聽說某地培育出一種新的玉米，收成很好，於是千方百計買來一些種子。他的鄰居們聽說這個消息後，紛紛來找他，向他詢問種子的有關情況及出售種子的地方。這位農民害怕大家都種出這樣的玉米會令自己失去競爭優勢，便拒絕回答。鄰居們沒辦法，只好繼續種原來的種子。

誰知，收穫的時候，這位農民的玉米並沒有取得豐收，跟鄰居家的玉米相比，也強不到哪裡去。為了尋找原因，農民去請教一位專家。專家告訴他，他的優質玉米種接受了鄰人田中劣種玉米的花粉，所以品質當然不夠好。

Wisdom

心靈小語：

這位農民為我們上了很好的一課。整個世界是互相緊密聯繫的，沒人能真正生活在與世隔絕的世外桃源。因此，我們都需要他人的幫助和理解，同時，我們也要學會給予、付出。付出的同時，也是我們收穫的時候。

無私與自私

兩個和尚去見佛祖，佛祖要根據他們各自的功德決定收誰為徒。

第一個和尚說：「我一路上吃齋念佛，普度眾生，心裡從來沒想過自己。」

第二個和尚說：「我一直只顧自己，雖然沒什麼功德，但是我守住了做人的底線，從來沒有收取別人的布施，因為我吃的喝的穿的用的，全都來自自己的勞力。」

第一個和尚被淘汰了，第二個和尚留在了佛祖身邊。

第一個和尚不滿地質問佛祖：「為什麼選他不選我呢？」

佛祖說：「雖然你吃齋念佛，但是你卻不斷地化緣，謀求別人的布施，你給別人增添了麻煩；雖然他只顧自己，但他卻從來沒有給別人增添過麻煩。記住，不麻煩別人也是一種功德，是一個修行者最重要的功德！」

幫助別人是人類最大的美德之一，正因為此，無私的利他主義才能得到幾乎所有民族的認同。然而自私的利己主義也未嘗不是一件好事。有時候，利己主義甚至比利他主義還能顯示出對生命的關愛。

Wisdom

心靈小語：

讓自己懂得去關愛別人，同時，讓自己更懂得保護和關愛自己。從人性的角度來說，也許後者更為容易一些。

善良的心

新年的第一天，愛德華早早就起床。父親給了他五美元，這些錢對一個孩子來說可是一筆不小的財富。

他曾經在書店看過一些精美的書，其實他早就想買了，但是一直沒有錢，現在終於可以實現這個願望了。於是，他帶著錢興高采烈地向小鎮書店跑去。

在去書店的路上，他遇到了一家人，父親、母親還有三個凍得發抖的孩子。顯然他們不是本地人，而且從他們憔悴的面孔上一眼就能看出他們的生活非常窘迫。

愛德華微笑著對他們說：「聖誕快樂！」但是他們卻聽不懂他說的話。

「你們從哪兒來？」愛德華問。顯然他們也沒聽懂。

那個男人指了指他的孩子，又用手比劃著肚子，這次愛德華明白了他的意思，「他們已經幾天沒有吃飯了，他想為孩子們要一些吃的東西」。

愛德華看著那三個與自己差不多大，凍得發抖的孩子，立刻從口袋裡掏出準備買書的五美元給他們，然後說：「這些錢給孩子們吧，希望他們能和我一樣快樂。」那個男人的眼中充滿了淚水，緊緊地握住了愛德華的手。

到家後，愛德華把自己的經歷告訴父親：「他們又冷又餓，實在太可憐了，於是我就把準備買書的錢給了他們，因為他們比我更需要那些錢，至少他們在新年的第一天不會餓肚子。」

「孩子，你做得非常對！」父親鼓勵地說，「愛心是一個善良的人最可貴的財富，上帝會關愛每一個善良的孩子。你知道嗎？當你把錢給那些窮人時，上帝正在看著你。就在你給他們錢的同時，上帝也給了你一件最寶貴的東西！」

「是嗎？他給了我什麼？」愛德華問。

「他給了你一顆善良的心！」父親回答道。

心靈小語：

只要人人都獻出一點愛，這世間將會更加美好。人應該擁有愛心，為你的父母，你的老師同學，乃至你身邊的每一個人，付出一份無私的愛心，相信你會得到更多的快樂。

生命的反射

一個小男孩與爸爸在山路上行走時，一不小心跌了跤，痛得忍不住大叫：「哇……喔……」

但是令小男孩吃驚的是，另外一個聲音也從山中傳來：「哇……喔……」

小男孩非常好奇地大聲問：「你是誰？」

結果他得到的答案也是：「你是誰？」

小男孩生氣了，大聲地吼道：「膽小鬼！」

這一次得到的答案也是：「膽小鬼！」

小男孩非常好奇地問爸爸：「爸爸，這到底是怎麼回事呢？」

爸爸笑笑對小男孩說：「孩子，注意聽喔。」

爸爸大吼了一聲：「我欽佩你！」

結果傳回來的聲音也是：「我欽佩你！」

爸爸再一次大聲地喊道：「你是冠軍！」

傳回來的聲音也是：「你是冠軍！」

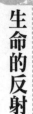

小男孩感到非常詫異又非常不解。

爸爸向小男孩解釋說：「通常情況下，人們稱這是回音，但實際上這是『生命』。」

小男孩更加困惑，問：「為什麼是生命呢？」

「如果你要這個世界有更多的愛，那麼就要在自己的心中創造更多的愛。世界就像一面鏡子：你皺著眉頭看待它，它也會皺著眉頭看著你；你笑著對它，它也會笑著對你。」

Wisdom

心靈小語：

人要有一顆善良的心，善待周圍的人，在別人需要幫助的時候，給予他們無私的幫助，只有付出才會有回報，你怎樣對待別人，別人就怎樣對待你。

Don't Give up

從容就義

公元前三九九年，蘇格拉底被控告「瀆神」罪。罪名有兩點：一是「腐蝕青年」，二是「藐視城邦崇拜的諸神以及從事離奇古怪的宗教活動」。

蘇格拉底接受陪審團審訊，並僅以六十票被判處死刑。也許他們之中很少有人想到他真的會死，因為他有法律權利，可以要求從輕處置，並可要求重新進行投票表決。假如他依照慣例低聲下氣、痛哭流涕地苦苦哀求，至少有三十多位陪審員會改變他們的態度。但他卻表現得無所謂。

他的弟子們來監獄看望他，慫恿他越獄逃跑。他卻說：「我的信仰中有一條就是法律的權威。我常對你們說，一個好公民就要遵守本市的法律。既然雅典的法律判處我死刑，合乎邏輯的結論就是：作為一個好公民，我必須去死。」

他的朋友為他焦慮不安，認為他實在有些固執。於是他們爭辯說：「這豈不是把邏輯扯得太遠了嗎？」然而，老人依然固執己見。

最後的時刻到來了，學生們聚集在他的身邊，悲痛地看著敬愛的老師喝下那杯毒藥。在日落西山之前，他親自叫人去取毒藥。當一個隨從將毒藥拿來時，蘇格拉底用異常平靜的語調對他說：「這種事你清楚，你要告訴我應該怎麼做。」

隨從告訴他：「你喝下毒藥，然後站起來走動走動，直到你的腿感到沉重，然後再躺下，毒藥的麻醉作用就會攻向你的心臟。」

蘇格拉底審慎而冷靜地照著隨從的話去做。其間僅停頓了一下斥責他的學生，因為學生們都在抽泣痛哭。

最後他想起，他還欠別人一筆小小的債務。他把蓋在臉上的布拿開說：「克里托，我還欠亞斯克萊皮亞斯一隻雞的錢——記住千萬要還給他。」

隨後他閉上了眼睛，重又將布蓋在臉上。當克里托問他還有什麼臨終囑咐時，他沒有回答。

柏拉圖用令人難忘的語言描述了蘇格拉底死去的情景：「我們的朋友就這樣走了。他是我們所瞭解的人中最慈善、最正直、最有學識的人。」

心靈小語：

死固然可怕，但是像蘇格拉底這樣擁有一份淡定並且從容就義者真不多見。

沒有慷慨悲歌，沒有驚天之舉，只是記掛著一些平常的小事，為自己堅信的真理，為自己追求的目標，獻出寶貴的生命，因此他稱得上是一位偉大的哲人。

人與人之間

一個修車女技師在維修站接待電影明星麥克道格拉斯，在修車過程中麥克不禁被女孩靈巧的雙手和美麗的容貌所吸引。

很多人都認識麥克道格拉斯，但女孩卻絲毫未顯示驚異和興奮的表情。

「妳喜歡看電影嗎？」他禁不住問道。

「當然喜歡，我是個電影迷。」

她手腳俐落，很快修好了車：「您可以開走了，先生。」

他卻依依不捨：「小姐，妳可以陪我去兜兜風嗎？」

「不！我還有工作。」

「這同樣也是妳的工作，妳修的車，最好親自檢查一下。」

「好吧，是您開還是我開？」

「當然我開，是我邀請妳的嘛。」

車子行駛得狀況很好。女孩問道：「看來沒有什麼問題，請讓我下車好嗎？」

「怎麼，妳不想再陪陪我了？我再問妳一遍，妳喜歡看電影嗎？」

「我回答過了，喜歡，而且是個電影迷。」

「妳不認識我？」

「怎麼不認識，您一來我就認出您是麥克道格拉斯。」

「既然如此，妳為何這樣冷淡？」

「不！您錯了，我沒有對您冷淡。只是沒有像別的女孩子那樣狂熱。您有您的成就，我有我的工作。您來修車是我的顧客，如果您不再是明星了，再來修車，我也會一樣地接待您。人與人之間不應該是這樣嗎？」

他沉默了。在這個普通的修車女技師面前，他感到自己的淺薄與虛妄。

「小姐，謝謝妳讓我有了重新認識自己的機會。現在就讓我送妳回去。」

Wisdom

心靈小語：

大人物之所以高大，是因為你自己跪著；你仰慕他們頭上的光環，卻忽略了自己的生活與價值。小人物也有自己的價值，即使他出身並不高貴。

Part 4

智慧——

明白自己需要什麼是本能，
而明白自己不需要什麼則是
智慧。

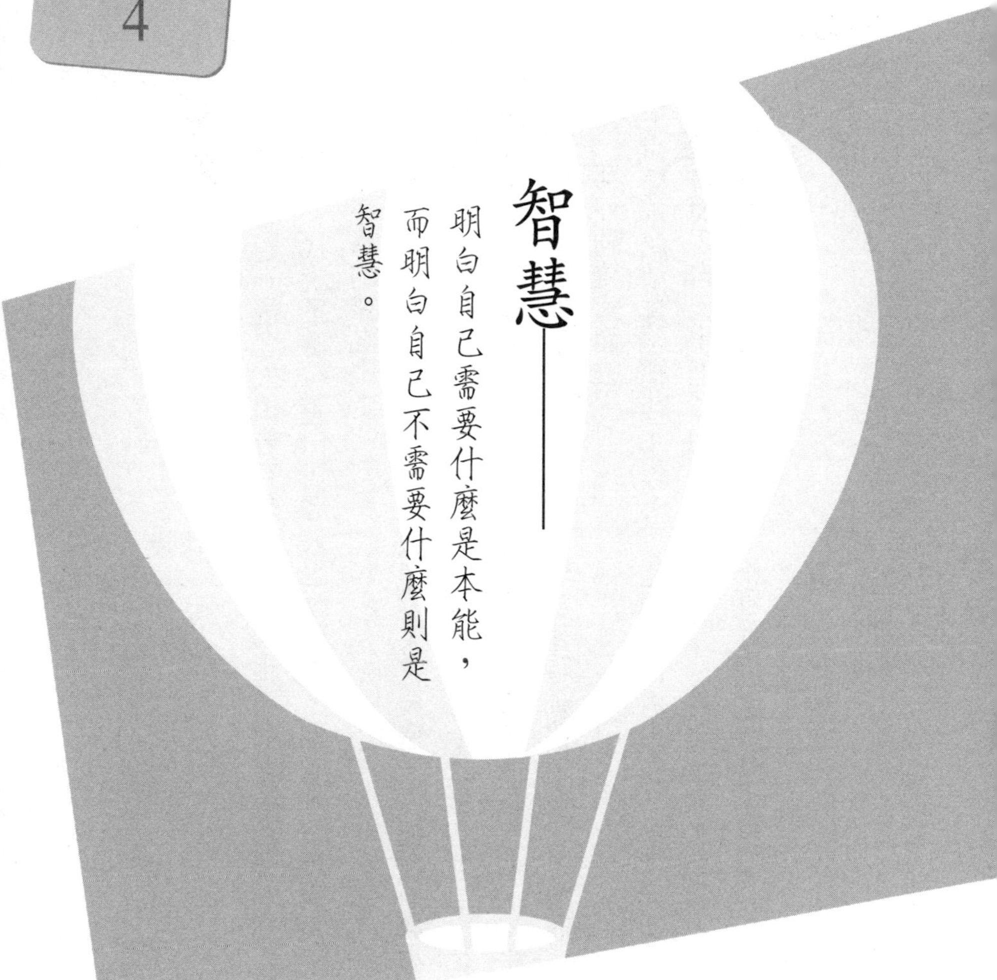

繞道

我曾經看過一個老人頂著衣服一步步淌水而過。我喊住老人，我說上游有橋，老人說曉得；我說下游有渡口，老人也說曉得。但老人沒有回來，他一步一步離我遠去，在呼嘯的寒風中走向對岸。

在老人之前和老人之後，有無數年輕人也要過河，但在河邊他們停下了。他們問我附近有橋嗎？我說上游十公里有橋，下游十公里有渡口。年輕人聽了，立即離開河邊，或上或下繞道而去。有一個人，或許嫌路太遠，沒走，他脫了鞋，一步步走進水中，但當冰涼的河水沒過膝蓋時，他停住了。繼而，又一步一步走上岸來，穿好鞋繞道而去。

生命經不起消耗，那些年輕人，他們在繞道十次二十次或者一百次一千次之後，他們會發現自己也老了。

Wisdom

心靈小語：

我無意勸人淌水渡河，但時間，不管什麼人都應該珍惜。

「繞道」有時確實也是解決困難的一種方法。問題是，生命是有限的，而且習慣「繞道」的人在繞不過去的時候，就只能停滯不前了。當發現自己是走原路的時候何不換個角度，換個思維方式，也許會有意想不到的結果。

走不回來

有個地主去拜訪一位部落首領，想向他要塊地。首領說：「你從這兒向西走，做一個標記，只要能在太陽落山之前走回來，從這兒到那個標記之間的地都是你的。」

太陽落下了，地主沒有走回來，看來是走得太遠，累倒在路上了吧。貪心的人走不回來，是因為貪。然而現實生活中還有一類人，他們不貪，可是也走不回來。

有一次，我要在客廳裡釘一幅畫，請鄰居來幫忙。畫已經在牆上扶好，正準備釘釘子，他說：「這樣不好，最好釘兩個木塊，把畫掛在上面。」我遵從他的意見，請他幫忙去找木塊。

木塊很快找來了，正要釘，他說：「等一等，木塊有點大，最好能鋸掉一點。」於是便四處去找鋸子。找來鋸子，還沒有鋸兩下，「不行，這鋸子太鈍了，」他說，「得磨一磨。」

他家有一把銼刀，銼刀拿來了，他又發現銼刀沒有把柄。為了替銼刀安把柄，他又去校園邊的灌木叢裡尋找小樹。要砍下小樹時，他又發現我那把生滿老銹的斧頭實在是不能用。他又找來磨刀石，可為了固定住磨刀石，必須得製作幾根固定磨刀石的木條。為此他又到校外去找一位木匠，說木匠家有一個現成的。然而，這一走，就再也沒見他回來。當然了，那幅畫，我還是一邊一個釘子把它釘在了牆上。下午再見到他的時候，是在街上，他正在幫木匠從商店裡往外架一台笨重的電鋸。

工作和生活中有好多種走不回來的人。他們認為要做好這一件事，必須得去做前一件事，要做好前一件事，必須得去做更前面的一件事。他們逆流而上，尋根探底，直至把那最初的目的淡忘得一乾二淨。這種人看似忙碌，很是辛苦，其實有時連他們自己都不知道在忙些什麼。起初，可能知道；一旦忙開了，還真是瞎忙。

Wisdom

心靈小語：

在人生的旅途中，每過一個時期，或每走一段路程，不妨回過頭看看自己的身後，看看在太陽落山之前是否還能走回去。或乾脆停下來，沉思片刻，問一問：我要到哪裡去？我去幹什麼？這樣或許可以活得簡單些，也不至於走得太遠，失去現在，失掉自我。

逆向思考

剛退休的老人獨自回到老家，在小城買了間房子住了下來，想在這裡寫寫回憶錄，安享自己的晚年。

剛開始幾個星期，一切都很好，安靜的環境對老人的精神和寫作很有益。但有一天，有三個小孩子放學後開始來這裡玩，他們將幾隻破罐子踢來踢去，玩得不亦樂乎。

老人受不了這些噪音，於是出去跟小孩談條件。「你們玩得真開心」他說，「我很喜歡看你們踢罐子玩，如果你們每天來玩，我就給你們三人每天每人一塊錢。」三個小孩很高興，更加起勁地表演他們的腳下功夫。

過了三天，老人憂愁地說：「通貨膨脹使我的收入減少了一半，從明天起，我只能給你們五毛錢。」小孩很不開心，但還是答應了這個條件。每天下午放學後，繼續去進行表演。

一個星期後，老人愁眉苦臉地對他們說：「最近沒有收到養老金匯款，對不起，每天只能給兩毛了。」

「兩毛錢？」一個男孩子臉色發青，「我們才不會為了區區兩毛錢浪費寶貴時間為你表演呢，不幹了。」

從此以後，老人又回到了安靜的日子。

Wisdom

心靈小語：

在心態上利益福利的取得，只可漲不可跌，加上小孩的反叛心理，老人巧妙地達到了自己的目的。如果不是這樣拐彎抹角，而是直言相斥的話，小孩子們肯定會更加調皮難纏。

執迷不悟

有一個人出門辦事，跋山涉水，好不辛苦。剛好經過險峻懸崖，不慎落入深谷。此人眼看生命危在旦夕，雙手在空中攀抓，剛好抓住了崖壁上枯樹的老枝，總算保住了性命。但畢竟懸於半空，上下不得。

忽然看到佛陀立於懸崖上，慈祥地看著自己。此人立即求救道：「佛陀，求您發發慈悲，救救我吧！」

佛陀道：「救你不難，但你要按我的指示去做。」

此人立刻說：「都已如此地步，我怎敢不聽話呢？全聽你的。」

「那麼請你把攀住樹枝的手放下來吧！」佛陀說道。

此人一聽，心想，把手一放勢必掉到萬丈深淵，跌得粉身碎骨，哪裡還保得住性命？因此，更加抓緊樹枝不放，佛陀看到此人執迷不悟，只好離去。

其實，此人這時離地面只有一公尺。

Wisdom

心靈小語：

Don't Give Up

若有大功德的長者給予意見，萬不可輕蔑對之，應充分汲取其好的經驗方法，必可解當前之惑。若自傲不羈，或執迷不悟，必久困不得其解。一切法為度一切人，執迷不悟，實為自性所不悟，便難以成功，難以得度，可嘆可憐。自醒自悟，回頭是岸，方能解惑。

習慣

從前，有一對父子住在山上，他們每天都要趕牛車下山去賣柴。父親有經驗，就坐鎮駕車，兒子眼力比較好，總是在即將轉彎時提醒道：「爹，轉彎啦！」

一次，父親因病不能下山，於是就由兒子一人駕車。到彎道時，任憑兒子怎麼推拉，牛就是不肯轉彎。

到底是怎麼回事呢？兒子百思不得其解。最後只有一個辦法了，他看看左右無人，便貼近牛的耳朵大聲喊道：「爹，轉彎啦！」

牛應聲而動。

Wisdom

心靈小語：

對於牛來說，生活更經常是一種本能和條件反射，而對於人來說，生活擺脫不了習慣。「播下一種行為，收穫一種習慣；播下一種習慣，收穫一種性格；播下一種性格。收穫一種命運。」

Don't Give Up

怎樣才能吃到肉

每天晚上吃飯時，吉姆總要準時站在自家門口聞隔壁鄰居餐桌上飄出的肉香，然後抽動鼻子把香氣吸進肚子裡。久而久之，吉姆甚至能分辨出鄰居吃的是什麼肉。吉姆不懂鄰居家的餐桌上為什麼總有魚和肉，而自己家卻十天甚至半個月才能吃一次肉。

吉姆經常習慣性地吮著手指頭站在門邊看鄰居一家吃魚吃肉，口水從手指縫中流出。而鄰居也常常會夾一塊肉端給吉姆，然後說：「回家吧，讓你媽媽也吃點肉。」有時候，吉姆的幾個弟弟妹妹也跟著去，攪得鄰居非常煩。

一天，吉姆終於忍不住問媽媽：「鄰居家的餐桌上為什麼總有魚和肉呢？」

媽媽沒回答吉姆。

一個星期天，媽媽問吉姆：「你今晚想吃肉嗎？」

吉姆說：「當然想啦，我做夢都想。」

「那好吧，跟我走。」媽媽說。

媽媽帶著吉姆來到一個建築工地，然後向工頭要了一塊地方，工頭在上面畫了白灰線，並說，挖完了線內的工作範圍，給十美元。

媽媽對吉姆說：「挖吧，挖完了，今晚就有肉吃了。」

吉姆只挖了一會兒，就感覺手發軟，而且還起了泡。

媽媽比劃著對吉姆說：「我們已經掙了一美元了。挖吧，再挖些又能掙一美元了。」

聽到媽媽的話，吉姆又支撐了一會兒，但終於挖不動了。

吉姆說：「媽媽，太辛苦了，我受不了啦。」

媽媽說：「歇一會兒吧，孩子，歇一會兒再挖。」

吉姆就這樣歇一會兒挖一會兒，但媽媽一直在不停地挖。吉姆記得那是初秋，天氣仍然很熱，媽媽的衣服濕了又乾，乾了又濕，衣服上都能看到鹽漬了。這麼辛苦，吉姆甚至不想吃肉了。他試探著跟媽媽說，但媽媽說：「孩子，不吃點苦，哪裡有錢？」

一天下來，母子二人終於把土方挖完了。媽媽向工頭領了十美元。這時，吉姆連走路的力氣都沒有了。

晚上，餐桌上擺出了香噴噴的魚和肉，弟弟妹妹們吃得香極了。媽媽對吉姆說：「孩子，我想你已經知道鄰居餐桌上的謎底了吧？」媽媽又說：「這就叫吃苦，孩子，你知道嗎？」

吉姆的心靈為之一震，面對餐桌上的大魚大肉，還有吃得正香的弟弟妹妹們，吉姆哭了。

那年吉姆十二歲，他刻骨銘心地記住了鄰居餐桌上的謎底，以及媽媽說的「吃苦」兩個字。

Wisdom

心靈小語：

吃得苦中苦，方為人上人。雖然後一句讓人覺得人與人不平等，但是，要想吃「甜」或者是吃到別人吃不到的東西，每個人都必須吃些他人吃不了的「苦」。這位母親讓孩子切身體驗到吃「苦」，以此教育孩子「甜」來之不易，「甜」來自於「苦」。同時也告訴孩子，沒有人能隨隨便便成功。要想吃到「甜」，只有腳踏實地，靠自己辛苦努力去爭取。

蝸牛

一天，小蝸牛問媽媽：「媽媽，為什麼我們一生下來就要背這個又硬又重的殼呢？」

媽媽說：「因為我們的身體沒有骨骼支撐，只能爬，但是我們又爬不快，所以要用殼來保護我們啊！」

小蝸牛又問：「毛蟲姐姐沒有骨頭，也爬不快，她為什麼不用背這個又硬又重的殼呢？」

媽媽說：「因為毛蟲姐姐長大了能變成蝴蝶，天空會保護她啊。」

小蝸牛繼續問：「蚯蚓弟弟沒骨頭也爬不快，也不能變成蝴蝶，為什麼他不用背這個又硬又重的殼呢？」

媽媽耐心地說：「蚯蚓弟弟會鑽土，大地會保護他啊。」

小蝸牛傷心地哭了，說道：「媽媽，我們好可憐啊！天空不保護我們，大地也不保護我們。」

蝸牛媽媽溫柔地安慰小蝸牛：「所以我們有殼啊！我們不靠天，也不靠地，我們靠自己。」

Wisdom

心靈小語：

蝸牛媽媽說得多好：「不靠天，不靠地，我們靠自己。」世界上沒有什麼人可以成為你完全的依靠，父母也不可能是你永遠的依靠。

不驕傲的樹

有一棵與眾不同的樹種被挑選了出來，要種在一片荒漠的土地上。

「多麼優秀的樹種啊，你應該為此感到驕傲和自豪。」人們讚美道。

「我只是一粒普通的樹種而已，沒有什麼資格驕傲和自豪。」樹種小聲地說。

樹種發芽了，它長得特別好，隆冬酷暑、狂風暴雨都不能摧毀它。

「多麼堅強的一棵小樹啊，你應該為自己感到驕傲。」人們讚美道。

「我只是一棵小樹，沒有勇氣驕傲。」小樹輕聲地說。

小樹長大了，它枝繁葉茂，高入雲端。

「多麼高大的一棵樹啊，你應該為此驕傲。」人們讚美道。

「我已經是一棵大樹了，沒有必要驕傲。」大樹無聲地說。

Wisdom

心靈小語：

可以確信，這棵小樹能成為棟樑之材，為什麼？因為真正有自信的人是不會驕傲的。你要明白這一點，只有這樣，才會長大。

Don't Give up

勇氣

古老的印度流傳著一個美麗的故事：

森林中所有的小動物，一直都快樂地生活著。在這片遼闊的森林中，從來沒有發生過什麼大變故，即使偶爾有幾隻猛獸經過，小動物們也懂得將自己安全地藏匿起來，不至於成為猛獸口中的食物。就這樣，小動物們大都能夠在森林中怡然自得地直到終老。

一天，天神心血來潮，想要測試一下森林中的小動物對危機的應變能力，於是便從空中揮下了一道閃電。刺眼的電光擊中了森林中最大的一株樹，樹立刻燃起了熊熊大火。這場森林大火一發不可收拾，火舌四處飛竄，席捲了森林中無數的樹木，同時也威脅到所有小動物的生命安全。

驚慌的動物們拚命地向森林外緣奔逃，希望能逃出這場劫難。但牠們不知道，在燃起大火的同時，森林的四周，早已引來了無數貪婪的肉食猛獸，牠們正張著大口、流著饞涎，等待小動物們自己送上門來。

森林裡所有小動物中，只有一隻小松鼠和其他的動物不同。牠不但沒有選擇逃難，反而奮不顧身地向大火衝去。小松鼠在森林中找到一個即將被烈火烤乾的水塘，牠將自己瘦小的身子完全沾濕，然後衝進火場，拚命抖灑著身上黏附的水珠，希望能緩解這場正在毀滅森林的火勢。

看到小松鼠的舉動，天神化為一位老人站在小松鼠的面前，問道：「孩子，你難道不知道這樣做對這場大火來說，根本無濟於事嗎？」

小松鼠那蓬鬆而又美麗的大尾巴，早已被炙熱的樹枝烙出三條黑色的焦痕，但牠仍賣力地用身體沾水，試圖滅火，百忙中還對化身為老者的天神說道：「也許以我的力量不足以滅火，但我相信憑著我的努力，至少可以少讓幾隻小動物喪生啊！而且，或許因為我的執著，還有可能感動天神，讓祂降下甘霖，滅了這場要命的大火。」

老者聽完後，哈哈大笑，小松鼠的周圍突然變得清涼無比，大火在一瞬間消失得無影無蹤。接著天神伸出手，在小松鼠燒傷的尾巴上輕撫了一下，頓時焦痕變成了三道奇幻瑰麗的花紋，這就是印度三紋松鼠神奇而美麗的由來。

Wisdom

心靈小語：

微小的勇氣，能夠完成無限的成就。小松鼠的勇氣，恰恰是我們所缺乏的。一絲勇氣，常能讓一個人完成不可能的任務。

什麼是真正的價值

有個射箭技術非常精湛的獵人，每次與村裡的年輕人一起外出打獵時，都是他獵到的動物最多，於是，大家便封他為「獵王」。

獵王用的那把弓，外表平實，非常不起眼。自從有了獵王的稱號後，他心想：「我的身價已經與從前大不相同了，如果再用這把難看的弓，一定會遭人笑話的。」

於是他便丟棄了舊弓，另外找人製造了一把新弓，還特意在上面雕刻了非常精緻的花紋，每個人見了都忍不住摸一摸，稱讚幾句。獵王更得意了。

一天，村子裡舉行射箭比賽，獵王帶著美麗的新弓，非常神氣地來到比賽地點。輪到獵王出場時，大夥兒都為他鼓掌喝采，準備看他大顯身手。

獵王拈弓搭箭後，一拉緊弦，那美麗的雕花弓竟然當場折斷了，在場所有人都哄堂大笑起來。獵王面紅耳赤，一時窘得說不出話來。

Wisdom

心靈小語：

要知道，在這個世界上有些東西是重要的，但它們往往「隱於形」，而有些東西徒有美麗的外表，而無實際用途。前者才是事物價值所在。

團結的力量

在遇到非常大的野火時，眾多螞蟻為了逃生，就會迅速聚攏，抱成一團，然後像滾雪球一樣飛速滾動，逃離火海。那劈哩啪啦的燒焦聲是最外層螞蟻奮不顧身、無怨無悔的吶喊。牠們用自己的軀體為其他螞蟻開拓了一條求生之路。

有一次，洪水暴虐，聚在堤壩上的人們凝望著兇猛的波濤。有一人驚呼：「快看，那是什麼？好像有一個人頭順著波浪漂過來。」

大家正準備營救時，一位老者說：「那是蟻球。螞蟻這東西，很有靈性。有一年發大水，我也見過一個蟻球，有籃球那麼大。洪水到來時，螞蟻迅速抱成團，隨波漂流。蟻球外層的螞蟻，有些會被波浪打入水中。但只要蟻球能上岸，或能碰到一個大的漂流物，螞蟻就得救了。」

不一會兒，蟻球上岸了，蟻群像登陸艇上的戰士，一層一層地打開，迅速而井然地一排排沖上堤岸。岸邊的水中留下了一團不小的蟻球。那就是最外層的螞蟻。雖然牠們英勇犧牲了，但屍體仍然緊緊地抱在一起。

Don't Give Up

Wisdom

心靈小語：

螞蟻的力量不可思議，令人震撼，感嘆牠們能造蟻山，能悄然瓦解龐然大物，甚至能撼動千里之堤。這就是團結的力量。

趙州禪師學道

趙州禪師童稚之時即孤介不群，厭於世樂，稍長即辭親，從本州扈通院（亦說龍興寺）落髮出家。後聽說池州南泉普願禪師道化日隆，趙州禪師雖未受戒，便以沙彌的身份，前往參禮。

初禮南泉時，適逢南泉禪師正在丈室中休息。南泉禪師一見趙州禪師，便問：「近離什麼處？」

趙州禪師道：「瑞像院。」

南泉禪師又問：「還見瑞像嗎？」

趙州禪師道：「不見瑞像，只見臥如來。」

南泉禪師一聽，便翻身坐起來，問道：「汝是有主沙彌，無主沙彌？」

趙州禪師道：「有主沙彌。」

南泉禪師道：「那（哪）個是你主？」

趙州禪師於是走上前，躬身問訊道：「仲冬嚴寒，伏惟和尚尊候萬福。」

南泉禪師知道趙州禪師是個不可多得的法器，遂收他為入室弟子，並令維那僧將：「此沙彌別處安排」。

一天，趙州禪師入室請益，問南泉禪師：「如何是道？」

南泉禪師道：「平常心是道。」

趙州禪師道：「還可趣向也無？」

南泉禪師道：「擬向即乖。」

趙州禪師道：「不擬爭知是道？」

南泉禪師道：「道不屬知，不屬不知。知是妄覺，不知是無記。若真達不疑之道，猶如太虛，廓然蕩豁，豈可強是非邪？」

趙州禪師一聽，豁然大悟。於是前往嵩岳琉琉壇受了具足戒，之後，又重新返回南泉禪師座下。

在南泉期間，趙州禪師朝夕請益不倦，道業突飛猛進。趙州禪師與南泉禪師經常機鋒酬和，相得甚歡。

趙州禪師受戒後，聽說自己的剃度師住在曹州護國院，遂啟程前往看望。到了護國院之後，他的剃度師偷偷地把趙州回鄉的消息告訴了郝氏家族。郝氏家族的人一聽高興不已，只等來日前來看望趙州禪師。趙州禪師聽說此事後，感歎道：「俗塵愛網，無有了期。既辭出家，不願再見。」於是星夜束裝離開了曹州。

離開南泉後，趙州禪師開始了漫長的孤錫遊方生涯，他的足跡遍及南北諸叢席，並與許多禪門大德有過機鋒往來。他曾經自謂云：「七歲孩兒勝我者，我即問伊；百歲老翁不及我者，我即教伊。」

趙州禪師八十多歲以後，才來到河北趙州觀音院（即現在的柏林禪寺），駐錫傳禪，時間長達四十年。

心靈小語：

要想在學術上有所造詣，僅僅憑聰慧的頭腦是不夠的，還要有努力不懈的執著精神。不然天賦再好，也難有所成就。

永嘉玄覺見慧能

永嘉玄覺初攻天文哲學，後來讀《維摩經》時，發現自己的自性。在友人的勸說下，便到慧能處印證所學。初見慧能時，他繞著慧能走了三圈，振了振手中的錫杖，然後直直地立在慧能面前。

慧能說：「和尚應該具有三千威儀，八萬細行。你是從哪裡來的，居然如此傲慢無禮？」

玄覺說：「生死事大，無常迅速，我顧不得那麼多了。」

慧能說：「你既然擔心生死無常，何不體認無生——不生不滅的大道，去除煩惱呢？」

玄覺說：「大道本是無生無滅的，萬物也本是無遲速可言的。」

慧能高興地說：「確實如此，確實如此。」

永嘉玄覺就按照和尚應有的威儀向慧能禮拜，然後立即告辭。

慧能便說：「為什麼這樣匆忙呢？」

玄覺答道：「我根本就未曾動過，哪裡談得上匆忙呢？」

慧能心想，這和尚真夠伶俐，就又說：「誰知道你未曾動過？」

玄覺說：「這是你自己產生的分別觀念啊。」

慧能便說：「你很能體會無生的意思了。」

玄覺說：「既然是無生，哪裡還有意思可言呢？」

慧能反問：「如果無意，誰還能分別它呢？」

玄覺回答道：「分別本身也是沒有意思的。」

於是慧能深加讚許道：「你說得太好了！」

玄覺便留在寺中住了一宿，時人稱他為「一宿覺」。

Wisdom

心靈小語：

只要把握住你的內心，保持心靈空明澄澈，沒有任何慾念，就不怕外物來誘惑、污染你。你就能自由自在，不受束縛。

玉缽

金碧峰禪師自從證悟以後，能夠放下對其他諸緣的貪愛，唯獨對一個吃飯用的玉缽愛不釋手，每次要入定之前，一定要先仔細地把玉缽收好，然後才安心地進入禪定的境界。

有一次，閻羅王因為他的世壽已終，應該把業報還清，便差幾個小鬼來捉拿禪師。但金碧峰預知時至，想和閻羅王開個玩笑，就進入甚深禪定的境界裡，心想：看你閻羅王有什麼辦法。

幾個小鬼左等右等，等了一天又一天，都捉拿不到金碧峰。眼看沒有辦法向閻羅王交差，就去請教土地公，請他幫忙想個計謀，使金碧峰禪師出定。

土地公想想，說道：「這位金碧峰禪師最喜歡他的玉缽，假如你們能夠想辦法拿到他的玉缽，他心裡掛念，就會出定了。」小鬼們一聽，就趕快找到禪師的玉缽，拚命地搖動它。禪師一聽到他的玉缽被搖得砰砰地響，心一急，趕快出定來搶救。

小鬼見他出定，就拍手笑道：「好啦！現在請你跟我們去見閻羅王吧！」金碧峰禪師一聽，才知一時的貪愛幾乎毀了他千古慧命，立刻把玉缽打碎，再次入定。

心靈小語：

六祖慧能說禪時曾講：「菩提本無樹，明鏡亦非台；本來無一物，何處惹塵埃。」可見人於錢財要抱持淡泊的態度。知道什麼是最重要的，自己應該堅持什麼，可以放棄什麼的人，才能夠成就大事。

一個貧窮的人

《百喻經》中有一個故事：

從前有一個貧窮的人，想要請親朋好友來家裡做客，他想了很久，決定要用牛奶來招待他們，於是便開始在心裡打算著：「這麼多人要喝的牛奶，我該怎麼準備呢？如果我每天都擠一些牛奶的話，每天擠、每天擠，一天一天累積起來，到時候不但沒有地方放，而且搞不好還會變酸、壞掉。那還不如現在就把牛奶存在母牛的肚子裡，等到請客的時候再來擠，這樣既節省空間，又不會壞掉，實在是太棒了。」

這時，他非常的開心，因為覺得自己實在是太聰明了，想到這麼好的辦法。於是他趕緊把小牛和母牛分開，免得小牛不小心就把母牛的牛奶吸光了。

很快地，一個月過去了，到了宴客的日子，來了很多的人，好不容易安頓好親朋好友，總算可以開始大宴賓客。他興沖沖地將母牛牽出來，準備開始擠牛奶。可是擠了老半天，怎麼擠就是擠不出來，而且連半滴也沒有。

這時候受邀的客人，又是生氣，又覺得好笑，真不知道該怎麼說他，實在是哭笑不得！

Wisdom

心靈小語：

在生活中，我們隨時隨地都可以享受快樂。可是有些人卻把希望寄托在未來，試圖期盼某一天自己能真正感受到無比的快樂，因為沒有養成快樂的習慣，因此，最終他們得到的，只有失望。

樂園在你心中

森林的深處，心悟和尚緊閉著眼睛在苦苦地修煉，他想修成正果，成為菩薩。是拾柴的姑娘在衣裙裡為他帶來了果子，又用樹葉做成的杯子從溪流裡為他取來了清水。

日子一天天地過去，心悟和尚的修行變得愈加艱苦了，到後來他絕口不嘗果子，也不喝一滴清水。拾柴的姑娘感到非常悲傷。

如來佛祖聽說有一個人在修煉。便想考驗他的誠心。

如來佛祖吹來一口氣，吻著那個拾柴姑娘的肢體，她的思想彷彿像蜂巢受到襲擊的蜜蜂般嗡嗡作響。

當心悟和尚要離開森林，到山洞裡去完成他的苦行時，他睜開了眼睛準備啟程。這時那個姑娘出現在他眼前，好似一首熟悉卻已被遺忘的詩歌，因為新添了一種曲調而變得陌生了。心悟和尚從他的座上站起來，告訴她這是他離開森林的時候了。

「您為什麼要奪去我侍奉您的機會呢？」她眼眶裡噙著淚珠問道。

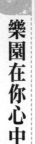

心悟和尚重新坐下來，沉思了好久，便在原處留了下來。

第二天早晨，她走到心悟和尚面前向他施禮，請他為她祝福，說她必須離開他。

心悟和尚默默地望著她的臉，接著他說：「去吧，祝你如願。」

多少年，心悟和尚兀自獨坐，最後他的苦修功德圓滿了。

如來佛祖從天上降臨，告訴他已經修成正果了。

「我不再需要什麼正果了。」心悟和尚說。

如來佛祖問他最希望得到的更大報酬是什麼。

「我要那個拾柴的姑娘。」

Wisdom

心靈小語：

許多人常常盲目追求世外的仙境。其實，一切美好的事物都在生活中，一切美妙的感覺都在心中。遺憾的是，許多人在歷經滄桑、走過許多彎路之後，才能明白這個道理。

美麗在於過程

有個信徒請教大龍禪師：「有形的東西一定會消失，世上有永恆不變的真理嗎？」

大龍禪師回答：「山花開似錦，澗水湛如藍。」

「山花開似錦」是說山上開的花，美得像錦緞似的，轉眼即會凋謝，但仍不停地奔放綻開；「澗水湛如藍」是說溪流深處的水，映襯著藍天的景色，溪面卻靜止不變。這句話描述的情景有如一幅美妙的山水畫，隱喻著世界本身就是美的，但稍不經意，就將流逝消失。

生命的意義在於生的過程。無論花開得如何燦爛，注定要凋落，山花卻不因為要凋謝，而拒絕蓬勃開放；清清的澗水也不因其流動，而拒絕映襯藍天。

Wisdom

心靈小語：

我們的生命原本就是一個漸變的過程，所以我們不需要擔心未來或是死亡，只要走好現在的每一步，把握現在擁有的每一分鐘，生命的過程本身就是一種美麗。我們必須為了實現美麗的過程而努力。

Part 5

處世——

貪婪如同一個永遠難以填滿的溝渠，愈是貪婪，愈發現自己一無所有。

學會說「對不起」

即使傻瓜也會為自己的錯誤辯解，但那只會使事情更糟。要坦然承認自己錯了。「對不起」包含著一種懺悔，一種勇氣，一種尊重，一種責任。如果我們錯了，就要迅速而誠實地承認。記住這句古語：「用爭鬥的方法，你絕不會得到滿意的結果。但用讓步的方法，收穫會比預期高出許多。」

在與刁鑽蠻橫的老闆共事之後，我有了最大的收穫，學會說「對不起」。因為只要是你辦的事出了問題，他絕對不給你機會說原因，而只要求你必須道歉說「對不起」。剛開始我很不以為然。

有一次老闆要我策劃一個案子，我寫了三個方案並且詳細陳述了各自的利弊，心裡還挺得意的。

沒想到，提報到老闆那裡時，他卻勃然大怒：「你到底選定了哪個方案？為什麼不告訴我？不想承擔責任是不是？」

什麼跟什麼啊？我頓時火冒三丈，心裡嘀咕起來：叫我選擇？你是老闆還是我是老闆，老闆的工作是什麼？不就是做決定嗎？就在我這麼想著的時候，老闆的叫聲也越來越大：「你還不服是不是？」我是不服，但有什麼用？他才是老闆！算了算了，別跟他計較了，得想個辦法讓他熄火，我才能趕快溜。

想到這裡也沒管他說到哪兒了，竟然對著他大喊一聲：「對不起！」猜發生什麼事？老闆的嘴立刻閉上了，我又連忙加上了一句：「我拿回去做個確定，一會兒送來給您。」

「好，去吧！」

透過這件事我研究出了一個道理，不管什麼事，搞砸了，其中固然有許多原因，但問題的關鍵是：這件事應該由誰負責。

如果你不說「對不起」而一直強調原因，難免讓人覺得你是在替自己找藉口推卸責任。再說，費那麼一大堆口舌，弄得老闆發火，自己也生氣，何苦來哉？還不如說聲「對不起」，既簡單又把表示歉意的球踢給了對方，對方能不接受嗎？當人家賠禮道歉了，你的氣也該消了，不想弄得劍拔弩張，想要息事寧人，最好馬上說聲對不起。

Wisdom

心靈小語：

如果一開始沒說，對方已經發起火來了再說也不算晚。但晚說不如早說。記住，若是看著對方的臉實在說不出來，那就轉頭對著牆說。不管怎麼說，反正，就是要說。

放大你的優點

生活本來就是一杯咖啡，香醇中摻雜著苦澀。對待人生的妙法之一，就是不要把目標定得太高，要認識到願望與現實總是有距離的，適可「而止」是一種理智。而且對自己已經得到的東西應好好珍惜。

一個窮困落魄的青年流浪到巴黎，期望父親的朋友能幫忙找一份謀生的差事。

「數學精通嗎？」父親的朋友問他。

青年羞澀地搖頭。

「歷史、地理怎麼樣？」

青年還是不好意思地搖頭。

「那法律呢？」

青年窘迫地低下頭。

「會計怎麼樣？」

父親的朋友接連地發問，青年都只能搖頭告訴對方，自己似乎一無所長，連絲毫的優點也找不出來。

「那你先把住址寫下來，我總得幫你找一份事做呀。」

青年羞愧地寫下了自己的住址，急忙轉身要走，卻被父親的朋友一把拉住了：「年輕人，你的名字寫得很漂亮嘛，這就是你的優點啊，你怎麼能只滿足於找一份餬口的工作呢，你應該有更遠大的理想。」

把名字寫好也算一個優點？青年在對方眼裡看到了肯定的答案。

哦，我能把名字寫得讓人稱讚，那我就能把字寫漂亮；能把字寫漂亮，我就能把文章寫得好看……受到鼓勵的青年，一點點地放大著自己的優點，腳步立刻輕鬆了起來。

經過數年後，青年果真寫出舉世聞名的經典作品。他就是享譽歐洲的法國作家大仲馬。

世間許多平凡之輩，都擁有一些諸如「能把名字寫好」這類小小的優點，但由於自卑等原因常常被忽略了，更不要說是一點點地放大它了，這實在是人生的遺憾。每個平淡無奇的生命中，都蘊藏著一座豐富的金礦，只要肯挖掘，哪怕僅僅是微乎其微的一絲優點，沿著它也會挖出令自己都驚訝不已的寶藏……

Wisdom

心靈小語：

道理是再簡單不過了，許多的成功，都源於找到了自身的優點，並努力地將其放大，放大成為超越自己和他人的明顯優勢……

職位

美國獨立戰爭期間，華盛頓高居三軍總司令。有一次華盛頓穿著便服悠閒地在林間散步，看見樹林裡有一位身著士官服的人，正在指揮三個士兵搬動路邊一棵被砍下的大樹。

三個士兵使盡力氣，拚命地搬著。可是因為那棵樹太重了，他們試了好幾回，都無法移動它。

只見士官在一旁咆哮謾罵著：「再使點勁嘛！加點油呀，怎麼這麼不中用呢！」

三名士兵用盡全身力氣，還是搬不動那棵大樹。

華盛頓目睹此景，看了一下士官。問道：「你為什麼不一起幫忙呢？」士官把頭抬得高高的，看著這位身穿便服的陌生人，趾高氣揚地說：「我的職責只要下達命令就行了。至於工作的執行，是他們自己要完成的。」

華盛頓一聲不吭，立刻將外衣脫下，加入那三位士兵的行列。費了好大的勁，終於將那棵樹抬起來，放到車架上去。

離開時，華盛頓對那位士官說：「以後如果還有需要的話，別客氣，我就待在總司令部。」

當那位士官愣在原地，這才想起這位陌生人就是總司令。但此時華盛頓早已信步走遠了。

Wisdom

心靈小語：

為什麼有些人老抱怨一輩子都無法升職，身處低位；有些人卻能扶搖直上，升至高職？居高職對待下屬要平和，切不可頤指氣使；要恭謙，切不可趾高氣揚。想想這個故事，也許你會找到答案。

敲木魚

年輕的父親正在嚴厲管教不聽話的孩子，驚動了在屋裡唸經的祖母。

祖母把怒不可遏的父親帶到自己屋裡，指著木魚說：「下次你要打罵孩子之前，先來敲敲這木魚，我不要你唸經，只要敲幾下木魚就夠了。」

一日，孩子又犯了錯，火冒三丈的父親，決定不惜打斷棍子也要嚴加懲戒。但他突然想起母親的話，便提著棍子走到母親讀經的地方。

「敲幾下木魚就行了？」他實在猜不透其中的道理，但仍拿起小小的木槌。咯！木魚發出清脆卻又非常圓柔的聲音。平常祖母關著門唸經，只覺得木魚的節奏十分清晰，卻沒想到眼前敲打起來，是這般響亮卻又不刺耳。

「看看木槌，在那硬硬的槌頭上包著布；再看看木魚，在那下面有著厚而柔軟的棉墊，所以你敲它，不必用多大力氣，便能發出深遠而厚實的聲音。」祖母說。父親放下木棍走出去，把跪在地上的兒子叫到沙發旁……

之後，他買了一個木魚放在辦公室，門外的部屬常聽見裡面偶爾發出兩三聲咯、咯的聲響。而脾氣剛烈的主管最近脾氣卻大大改變，部屬認為那肯定是信奉了佛教的關係。

心靈小語：

生命中的每一步都是充滿荊棘與坎坷的，孩子在成長的路上難免犯錯誤，何不以「敲木魚」的方式來溝通提醒，何必一定要體罰他們呢？

地圖上找不到

有一天，蘇格拉底的弟子聚在一塊兒聊天，一位出身富有的學生，當著所有同學的面，誇耀他家在雅典附近擁有一片廣大的田地。

當他吹噓的時候，一直在旁邊不動聲色的蘇格拉底拿出一張地圖說：「亞細亞在哪兒？麻煩你指給我。」

「這一大片全是。」學生指著地圖得意洋洋地說。

「很好！那麼，希臘在哪裡？」蘇格拉底又問。

那個學生好不容易在地圖上找出一小塊來，但和亞細亞相比，實在是太微小了。

「雅典在哪兒？」蘇格拉底又問。

「雅典，這個更小了，好像是在這兒。」學生指著一個小點說著。

最後，蘇格拉底看著他說：「現在，請你指給我看，你家那塊廣大的田地在哪裡呢？」

學生忙得滿頭大汗也找不到了，他的田地在地圖上連個影子也沒有。

他很尷尬地回答道：「對不起，我找不到！」

心靈小語：

與天地相比，人永遠是微不足道的。每個人面對榮耀時，應保持一顆平常心，不要把自己的誇耀之詞帶到朋友交往中，那只會令人生厭。因此，我們應該以一顆謙卑的心來面對所有的成績和榮譽，而不是到處炫耀，而且謙卑才是你最大的財富。

一切都會過去

一九五四年，巴西的男女老少幾乎一致認為，巴西足球隊一定能榮獲世界盃的冠軍。然而天不遂人願，準決賽時敗在法國隊腳下，結果與冠軍的獎盃失之交臂。球員們比任何人都更明白，足球是巴西的國魂。他們懊悔至極，感到無臉回去見家鄉父老。他們知道，球迷們的辱罵、嘲笑和扔汽水瓶大概是難以避免的了。

當飛機進入巴西領空之後，球員們更加心神不安，如坐針氈。可是當飛機降落在機場時，映入眼簾的卻是另一種景象：巴西總統和兩萬多名球迷默默地站在機場，人群中有兩幅標語格外醒目。

「失敗了也要昂首挺胸！」

「一切都會過去！」

球員們頓時淚流滿面。總統和球迷都沒有講話，默默地目送球員們離開了機場。

球員們對「失敗了也要昂首挺胸」的理解是比較深刻的。但相比之下，對「一切都會過去」的意思並不是很明白……

四年後，巴西足球隊不負眾望贏得了世界盃的冠軍。回國時，巴西足球隊的專機一進入國境領空，十六架噴射戰鬥機立即為之護航。當飛機降落在道加勒機場時，聚集在機場上的歡迎群眾多達三萬人。從機場到首都廣場的道路兩旁，自動聚集起來的人群超過了一百萬。這是多麼盛大且感動人心的場面！

人群中也有兩幅布簾格外醒目：

「勝利了更要勇往直前！」

「一切都會過去！」

球員們對「勝利了更要勇往直前」很容易理解，對「一切都會過去」的理解依然朦朦朧朧……

後來，足球隊的隊長陸陸續續向一些人請教應該怎樣理解「一切都會過去」的含義。真是無巧不成書。隊長請教的老者微笑著說：「一切都會過去」的標語是他寫的，他講了下面的故事給隊長聽：

據說，偉大的所羅門王有一天晚上做了個夢。一位智者在夢裡告訴他一句至理名言，這句至理名言涵蓋了人類所有的智能，能使他得意的時候不會趾高氣揚，忘乎所以；失意的時候能夠百折不撓，奮發圖強，始終保持勤勤懇懇、兢兢業業的狀態。

但是，醒來之後他卻怎麼也想不起那句至理名言。於是，所羅門找來了最有智慧的幾位老臣，向他們講了那個夢，要求他們把那句至理名言想出來，並拿出一枚大鑽戒說：「如果想起那句至理名言，就把它鐫刻在戒面上。我要天天把這枚戒指帶在手指上。」

一個星期過後，幾位老臣興奮地前來送鑽戒，戒面上已刻上一句勉勵人勝不驕、敗不餒的至理名言：

「一切都會過去！」

Wisdom

心靈小語：

人生難免有失敗和挫折，不過即使失敗了也不要氣餒。勝利只屬於堅持永不放棄的人，只有昂起頭來向前看，那麼成功才有可能到來。要對自己有信心，再大的困難也一定能克服的。

撒尿

有位財主老來得子，對兒子溺愛有加。這位小少爺自然也就淘氣得很。

一天，小少爺爬上路旁的大樹玩，見樹下走來一個書生，就站在樹上往下撒尿，澆了那個書生一身。

書生大怒，「之乎者也」地嚷嚷了一通。不過財主覺得這件事根本沒什麼大不了，於是書生只好憤憤地走了。

不久，又來了個商人，小少爺與上次如出一轍。商人一看是小少爺，馬上轉怒為喜，向財主誇獎少爺聰明，連玩的把戲都跟別家孩子不一樣。財主聽了很高興，小少爺也很高興，商人還抓了一把糖送他吃。

過了幾天，路上馳來一匹快馬，小少爺又是一泡尿。不過這次卻糟了，馬上騎的江湖大盜哪受得了這個恥辱，縱身上樹，把小少爺從樹上扔了出去，小少爺馬上就一命嗚呼了。

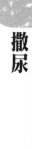

Wisdom

心靈小語：

心理學家說：人的性格是在鼓勵中成長的。只要以某種方法完成了某項行為，下一次就會產生以相同的方法完成同一類事情的衝動。久而久之就形成了處理這類事情的行事風格，這些風格綜合起來就形成了人的性格。

砍價

師父雲遊下山弘揚佛法，在某家店鋪裡看到一尊佛祖像，青銅鑄造，體態勻稱，相貌逼真，神態安然。師父大悅，欲行購買。若能帶回寺裡，開啟佛光，累世供奉，真乃一件幸事。但店鋪老闆要價五千元，分文不能少，又見師父如此鍾愛它，更加咬定原價不放。

師父回到寺裡對眾僧談起此事，眾僧很著急，問師父打算以多少錢買下它。

師父說：「五百元。」

眾僧覺得：「那怎麼可能？」

師父說：「天理猶存，當有辦法，萬丈紅塵，芸芸眾生，慾壑難填，得不償失啊！我佛慈悲，普度眾生，當讓他僅僅賺到這五百元！」

「怎樣度他呢？」眾僧不解地問。

「讓他懺悔。」師父笑答。

眾僧更不解了。

師父說：「只管按照我的吩咐去做就行了。」

第一個弟子下山去店鋪裡和老闆砍價，弟子咬定四千五百元，未果回山。

隔天，第二個弟子下山去和老闆砍價，咬定四千元不放，亦未果回山。

就這樣，直到最後一個弟子在第九天下山時所給的價已經低到了二百元。眼見著一個個買主出的價錢一天比一天低，老闆很是著急，每一天他都後悔不如以前一天的價格賣給前一個人。他深深地責怪自己太貪心。到第十天時，他在心裡說，今天若再有人來，無論多少錢都要立即賣出。

第十天，師父親自下山，說要出五百元買下它，老闆高興得不得了——竟然回升到了五百元！當場立即賣出，高興之餘另贈佛龕一具。師父得到了那尊銅像，謝絕了龕台，單掌作揖笑曰：「慾望無邊，凡事有度，一切適可而止啊！善哉，善哉……」

Wisdom

心靈小語：

人的一生不能太過於貪，這樣只會讓自己吃到苦頭，到最後反而得不到什麼好結果。現在詐騙案件越來越多，起因都是一個「貪」字。人要懂得知足常樂，是我們的就是我們的，不是我們的永遠都不會變成我們的。強求，只會讓事情複雜且難以收拾罷了。

點鈔

有一個娛樂節目，內容是數鈔票比賽。這個「數鈔」節目的遊戲規則有點特別：主持人拿出一大疊鈔票，這一大疊鈔票裡面，有大小不一各類幣值，按不同順序雜亂重疊。在規定的三分鐘內，讓現場挑出的四名觀眾進行點鈔比賽。這四名參賽的觀眾中，誰數得最多，數目又最準確，他就可以獲得自己剛剛數過的現金。

主持人一宣佈遊戲規則，頓時轟動全場。有整整三分鐘的時間，就算數不了幾萬，應該也可以數出幾千來吧。在短短的幾分鐘內，就能獲得幾千塊錢的獎勵，怎能不叫人感到刺激興奮？

遊戲開始了，四個人開始埋頭「沙沙沙」地數起了鈔票。當然，在這三分鐘內，主持人是不會讓他們安心點鈔的，他還會拿起麥克風，輪流問參賽者腦筋急轉彎的題目，來打斷他們的正常思緒，並且必須答對題目才能接著往下數。幾輪下來，時間就快到了，四位參賽觀眾手裡各拿了厚薄不一的一疊鈔票。這時主持人拿出一支筆，請他們寫出剛才所數鈔票的金額。

第一位，三千七百九十四元；第二位，五千八百三十六元；第三位，也數出了四千八百八十九元的好成績；而第四位，只數出區區五百元。四個觀眾所數鈔票的數目，相距甚遠。當主持人報出這四組數字的時候，台下頓時一片議論，他們在疑惑，第四位觀眾怎麼會只數那麼一點錢呢，是不是腦子有問題？

此時，主持人開始當場驗證剛才所數鈔票的準確性。在眾目睽睽之下，主持人把四名參賽觀眾所數的鈔票重數了一遍，正確的結果分別是：三千三百七十二、五千八百三十一、四千八百七十九、五百。

也就是說，前三名數鈔金額高的參賽觀眾，不是多計了一百元，就是少計了五元或者十元，距離正確數目都只差一點點。只有數得最少的第四位完全正確。按遊戲規則，也只有第四位觀眾才能獲得五百元獎金，其他三位參賽觀眾，都做了三分鐘的白工。

看到這樣出乎意料的結果，台下的觀眾先是沉默，繼而爆出熱烈的掌聲。這時，主持人拿出麥克風，很嚴肅地告訴大家一個秘密：自從這個節目開播以來，在這項角逐中，所有參賽者所得的最高獎金，從來沒人能超過一千元。

Wisdom

心靈小語：

其實有時候，聰明的放棄也是人一生中的大智慧，而它也需要具有更大的勇氣。就如點鈔遊戲一樣，貪念越大，失望越大，在自己能力範圍內才是最有把握的。

乞丐的貪心

一個乞丐在大街上垂頭喪氣地往前走。他的衣服破舊得幾乎可以直接看見他半個身體了，他的臉黃黃瘦瘦的，看起來好像很久沒有吃過一頓飽飯。他一邊走，一邊嘀咕著：「要是能讓我吃飽一頓該有多好啊！為什麼我就這麼窮呢！」他痛恨貧窮，怪命運女神太不照顧自己。

正在此時，命運女神出現在乞丐的面前。乞丐揉了揉混濁的雙眼，認出是命運女神，連忙跪倒在地，低聲哀求道：「慈愛的命運女神啊，幫幫我這可憐的人吧！可憐可憐我吧，我現在什麼都沒有了。」

命運女神和氣地問乞丐：「那你告訴我吧，你最想要什麼？」

乞丐早就把剛才的願望拋到了九霄雲外，張口就說：「我要金子！」

命運女神說：「脫下你的外衣來接吧。不過不要接得太多，那樣會把衣服撐破的。這些金子只有被接住並且牢牢地包在衣服裡才是金子，要是掉在地上，就會統統變成垃圾。」乞丐心頭一陣狂喜，立刻脫下渾身補丁的衣服。

命運女神輕輕地一揮手，只見金子像流星雨一樣，閃著金光，一顆顆地落在乞丐的衣服上，漸漸堆成了一座小金山。

命運女神說：「小心啊！你的衣服要被壓破了，再多裝一點金子就要掉下去了。」

乞丐看著飛來的金塊，哪裡聽得進女神的勸告，只是一直興奮地嚷嚷：「再多點，再多一點！」

正喊著，只聽「嘩啦」一聲，他那破舊的衣服裂了一條大縫。金子全滾落到地上，就在落地的那一瞬間變成了磚頭、玻璃和小石塊。

命運女神不見了，乞丐依舊一貧如洗。他最值錢的就是身上那件破衣服，只好穿著它繼續乞討生涯了。

Wisdom

心靈小語：

貪婪如同一個永遠難以填滿的溝渠。愈是貪婪，愈發現自己一無所有。這樣惡性循環的結果，不言而喻。

生活中更是如此，我們不要總不滿足，一味地去追求，最後可能什麼也得不到，反而更慘。

殺雞取卵

有一對夫婦非常貧窮，僅靠幾畝薄田度日，每年的收成僅夠吃穿用。但值得欣慰的是，他們家還養著一隻母雞，每天可以生一顆雞蛋。

神奇的事情發生了。有一天，這隻雞生下了一顆金蛋。農夫把金蛋拿到市場上去賣，得到一筆可觀的現金，價值高得嚇了他一跳，竟然如此輕易就得到這麼一大筆錢，農夫心裡很快樂。

農夫回到家裡，盯著下金蛋的雞看，不明白自己為什麼這麼幸運。他心想，以後再也不用辛辛苦苦耕種了，需要的東西，不管是豆子、蔬菜還是肉類，都能用金蛋換的錢在市場上買回來。

母雞一天下一個金蛋，夫婦倆發了大財，買下肥沃的田地，又蓋起漂亮的大房子，請了許多僕人，日子過得舒服極了。但是他們非常貪心，對這一切並不滿足。

有一天躺在床上，妻子說：「既然母雞每天可以下金蛋，那它的肚子裡一定有很多很多的金蛋，說不定就是一個金庫……」

丈夫接著說：「對，我們乾脆把雞殺了，把肚子裡所有的金蛋都拿出來！」

於是，他迅速地爬起來，拿了一把刀，把那隻會下金蛋的雞殺了。但是剖開雞腹之後發現，那隻雞和普通的雞並沒有什麼兩樣，根本沒有金蛋，也不是什麼金庫！

農夫非常懊悔親手毀了自己的致富寶貝，但為時已晚。他希望得到更多的財富，卻親手將原有的利益也葬送掉了。

心靈小語：

「殺雞取卵」，貪得無厭的結果肯定是一無所有。這種只重眼前利益，目光短淺的人，注定會吃大虧。珍惜現在擁有的東西，而不要一味地去追求金錢、權力。要知道，貪念慾望早晚會讓你「賠了夫人又折兵」。

天堂和地獄

一位老僧坐在路旁，雙目緊閉，盤腿打坐，雙手合十，正在沉思之中。

突然，他的沉思被打斷：「老頭！告訴我什麼是天堂！什麼是地獄！」一個武士用嘶啞而懇求的聲音問道。

老僧毫無反應，好像什麼也沒聽到。但他慢慢地睜開了雙眼，嘴角露出一絲微笑。

武士站在旁邊，迫不及待，猶如熱鍋上的螞蟻。

「你想知道天堂和地獄的秘密？」老僧說道，「你這等粗野之人，手腳沾滿污泥，頭髮蓬亂，鬍鬚骯髒，劍上鐵銹斑斑，一看就知道沒有好好保養。你這等醜陋的傢伙，你娘把你打扮得像個小丑，你還來問我天堂和地獄的秘密？」

只聽「唰」的一聲武士拔出劍來，他被激怒了，把劍舉到老僧頭上。他滿臉通紅，脖子上青筋暴露，氣的想要砍下老僧的人頭。

利劍將要落下時，老僧忽然輕輕地說道：「這就是地獄。」

霎時，武士錯愕不已，對眼前這個敢用生命來教導他的老僧充滿感激和敬意。

他的劍停在半空，眼裡充滿了感激的淚水。

「這就是天堂。」老僧說道。

Wisdom 心靈小語：

善惡是非誰能分清，全在剎那一念間。一切惡念、惡言、惡行，對於自己和他人都是地獄；一切善念、善言、善舉對於自己和他人都是天堂。不要讓怒火燃燒理智，而棄惡就是從善。

甩手

開學第一天，古希臘大哲學家蘇格拉底對學生們說：「今天我們只學一件最簡單也是最最容易做的事情。每人把胳膊盡量往前甩，然後再盡量往後甩。」說著，蘇格拉底示範了一遍。「從今天開始，每天做三百下。大家能做到嗎？」學生們都笑了。這麼簡單的事，有什麼做不到的？

過了一個月，蘇格拉底問學生們：「每天甩手三百下，哪些同學堅持完成了？」有九成的同學驕傲地舉起了手。

又過了一個月，蘇格拉底又問。這回堅持下來的學生只剩下八成。

一年過後，蘇格拉底再一次問大家：「請告訴我，最簡單的甩手運動，還有哪幾位同學堅持在做？」這時，整個教室裡，只有一人舉起了手。這個學生就是後來成為古希臘另一位大哲學家的柏拉圖。

Wisdom

心靈小語：

「成功在於堅持」這是一個並不神秘的秘訣。「甩手」和成就偉大事業好像沒有關聯，但堅持的態度絕對能增加每個人成功的機會。

捕野雞

小時候，有一次和祖父到山裡去捕野雞。

祖父教我用一種捕獵機關：拿個箱子，用木棍支起，木棍上繫著的繩子一直接到我藏匿的灌木叢中。只要野雞受到我撒下的玉米粒誘惑，一路啄食，就會進入箱子。這時我只要將繩子一拉，便大功告成，牠們就會成為我們的美味晚餐。

架好了箱子，剛躲起來不久，就飛來一群野雞，共有九隻。大概是餓久了，不一會兒就有六隻野雞走進了箱子。我正要拉繩子，又想，那三隻也會進去的，再等等吧。等了一會兒，那三隻非但沒進去，反而走出來三隻。我後悔了，對自己說，再有一隻走進去就拉繩子。接著，又有兩隻走了出來。如果這時拉繩，還能套住一隻，但我對失去的好運不甘心，心想，總該有幾隻會再進去吧。終於，連最後那一隻也走出來了。

那一次，我連一隻野雞也沒能捉到，卻捕捉到了一個受益終生的道理；人的慾望是無法滿足的，而機會卻稍縱即逝；貪慾不僅讓我難以得到更多，甚至連原本可以得到的也將失去。

Wisdom

心靈小語：

炒過股票的人對這個故事體會最深：當手中的股票開始賺錢時，總想著還會再漲，等等吧。當股價已往下跌時，想著前幾天那個高點都沒賣，現在賣只能賺這麼點錢，等漲回一點再說，結果成了套牢一族。要掌握好時機，不要因為一時貪念反而失去更多。

母親的素質

有一次，北野在中國農村看到幾個小孩在一塊兒玩，一個被另一個欺負了。那個被打孩子的媽媽聽見哭聲趕過來，厲聲吼道：「你幹嘛打他，再打他我揍死你。」

這使他想起在英國曾見過同樣的場景。那位被欺負小孩的母親卻對另外幾個小孩講：「你們為什麼不好好相處，難道是他做錯什麼了嗎？」

英國母親在跟小孩講道理，而那位中國媽媽對孩子則沒什麼理由好講。這種中國媽媽的教育方式起碼有兩點不好的後果：一是使孩子養成依賴性，依賴強權；二是會養成一種非理性性格。

還有一次，北野在一位英國朋友家玩，三歲的小男孩要與北野一塊洗澡，北野答應了但後來卻沒有這樣做。結果孩子的媽媽急了：「你怎麼可以騙孩子呢？你不願意去可以不答應嘛。」北野很不好意思，同時也想起一個說法：哄孩子。被哄大的孩子會相信別人嗎？

北野講完了他的故事，我又想起老家村子裡一位老師的故事。

那位老師有三個女兒都在讀書，大女兒已經讀高中了。家裡的日子過得並不是很寬裕，有人勸他：「孩子的成績普普通通，看起來可能考不上大學了，乾脆回家幫忙種田算了。」

這位老師回答說：「我知道她考不上大學，可是她將來要做母親啊，多讀些書，對她將來教育孩子會有用的。」

心靈小語：

孩子的教育是父母最需負責任的事情。母親是孩子的第一任老師，母親的言傳身教是決定孩子人生起步的關鍵，因此母親的素質就是未來社會的素質。

兩個蘋果

有兩個人感情十分要好，親如兄弟。一日他們走進了沙漠，乾渴威脅著他們的生命。

上帝為了考驗他倆的友誼，就對他們說：「前面的樹上有兩個蘋果，一大一小，吃了大的就能平安地走出沙漠。」

兩人聽了，都說要讓對方吃那個大的，堅持自己吃小的。爭執到最後，誰也沒說服誰。兩人都極度勞累，不知不覺中睡著了。

不知過了多長時間，其中一個突然醒來，卻發現他的朋友早就向前走了。於是他急忙走到那棵樹下，摘下蘋果一看，蘋果很小很小。他頓時感到朋友欺騙了他，便懷著悲憤與失望的心情向前走去。

突然，他發現朋友在前面昏倒了，便毫不猶豫地跑了過去，小心地將朋友輕輕抱起。這時他驚異地發現：朋友手中緊緊地握著一個蘋果，而那個蘋果比他手中的小了許多。

最後他們都通過了上帝的考驗，平安地走出了沙漠。

心靈小語：

不要輕易懷疑自己的朋友，各種猜測和疑慮都只會加深朋友間的裂痕，令朋友傷心絕望，以致最終失去友情。應該相信，只要是真正的朋友，彼此之間有著真正的友誼，這個世界就不會有絕望的時候。

最貴是「笨蛋」

善良的人，以他人的快樂為快樂，以他人的幸福為幸福，絕不幸災樂禍，損人利己。

阿瓜有點弱智，在班上，他的成績是倒數第一，同學們也常取笑他。每天放學後值日生負責打掃工作，他都會主動留下來幫忙倒垃圾。更絕的是，白天上課，每隔兩節課，他就會反射性地把垃圾桶拿到洗手台前認真刷洗。原先最髒最臭的角落，因為阿瓜的負責變成了教室內最乾淨的地方。

他總是面帶微笑，並純真地應對著一切複雜和怪異的眼光。

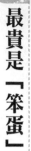

有一次，老師出了一個腦筋急轉彎：「世界上最貴的蛋是什麼蛋？」有人說是金蛋，有人說是原子「彈」，有人說是臉蛋。這時，阿瓜也舉手發言，高興地說：「是笨蛋，因為大家都叫我笨蛋！」

同學們笑了，老師卻沒有笑，她走過去輕輕拍著阿瓜的腦袋說：「是的，你最貴！」

阿瓜的母親每天放學後都會騎摩托車到校門口接他。一個冬天下雨的傍晚，在回家的路上，阿瓜看見一位踽踽獨行的同學，他知道那位同學的家離學校較遠，便央求媽媽順道載同學回家，可惜因機車後座裝了個鐵籃子，無法再多載另一個人而作罷。

回家後，媽媽忙著在廚房做飯，卻隱隱約約聽見門外傳來一陣奇怪的聲音，出門一看，阿瓜正挽著袖子用老虎鉗費力地拆著鐵籃子……

媽媽深深地嘆了口氣，但眼裡卻湧出了淚水。

是因為笨才善良，還是因為善良才顯得笨？

心靈小語：

修養始於善良。有了善良的心，才能完善人生。善良的心，像甘露一樣純潔、晶瑩，容不得一點邪惡的灰塵。善良的心胸是寬宏的。

「提燈女神」

一八五四年至一八五六年間，為爭奪巴爾幹半島的控制權，英國、法國、土耳其、薩丁尼亞王國先後向沙俄宣戰，爆發了著名的克里米亞戰爭。哀鴻遍野，傷殘無數。

一位年輕的護士白天協助醫生進行手術，護理傷兵，替士兵寄信，給他們慰藉；夜晚則提著一盞小小的油燈，沿著崎嶇的小路，在四英哩之遙的營區裡，一間病房一間病房地探視著傷兵。

士兵們對這位女護士懷有崇高的敬意，並親切地稱她為「提燈女神」。每當她走過，士兵們就感到一陣春風拂來，許多傷兵掙扎著親吻她那浮動在牆壁上的修長的身影……她，就是佛羅倫絲•南丁格爾。

這位出身富有家庭的小姐，不顧世俗的偏見，不顧父母的激烈反對，投身於當時只有低層婦女和教會修女才會擔任的護理工作；為了投身這項事業，這位聰慧端莊的姑娘竟終身未嫁。

南丁格爾一生對現代護理和護理教育做出了傑出的貢獻，是現代護理工作者的創始人，「白衣天使」的先驅。這位曾照亮苦難人間的「提燈女神」，在八十一歲時因操勞過度而右目失明；在九十歲的一個夜晚，於睡夢中安然辭世。

南丁格爾的那盞燈，永遠照耀著護理界；南丁格爾的身影，永遠受到人們的愛戴；南丁格爾的崇高精神，永遠受人尊敬。

Wisdom

心靈小語：

還有什麼比關愛別人更能令人尊敬？

凳子

在慧明禪師住的禪院裡，有一位學僧經常利用晚上時間，偷偷地爬過院牆到外面去玩樂。慧明禪師夜裡巡視時，發現牆角有一個高腳凳子，才知道有人溜到外面去了。他沒有驚動別人，順手把凳子移開，自己站在原先放凳子的地方，等候學僧歸來。

夜深時分，遊罷歸來的學僧不知凳子已經移走，一跨腳就踩在慧明禪師的頭上，隨即跳下地來，這才看清是禪師，慌得不知如何是好！但慧明禪師毫不介意地安慰道：「夜深露重，小心身體，不要著涼，趕快回去多穿一件衣服。」

Wisdom

心靈小語：

教育的最高境界不在說服，而在行動。以自己的苦度別人的樂，以超脫的智慧感化最真的心靈。「拿走凳子」自己作「凳子」，以善念示人，其誠可待，其德動天。

信心

一天，幾個白人小孩正在公園裡玩。這時，一位賣氣球的老人推著貨車走進了公園。白人小孩一窩蜂地跑了上去，每人買了一個氣球，興高采烈地追逐著飛上天的氣球跑開了。

白人小孩的身影消失後，一個黑人小孩怯生生地走到老人的貨車旁，用略帶懇求的語氣問道：「您能賣給我一個氣球嗎？」

「當然可以，」老人慈祥地打量了他一下，溫和地說：「你想要什麼顏色的？」

他鼓起勇氣說：「我要一個黑色的。」

老人驚訝地看了看這個黑人小孩，立即遞給他一個黑色的氣球。

他開心地接過氣球，小手一鬆，氣球在微風中冉冉升起。

老人一邊看著上升的氣球，一邊用手輕輕地拍了拍小孩的頭說：「記住，氣球能不能升起，不是因為它的顏色、形狀，而是氣球內充滿了氫氣；一個人的成敗，不是因為種族、出身，關鍵是你的心中有沒有自信。」

Wisdom

心靈小語：

不錯，你無法用「想像」來移動一座山，也無法靠「想像」實現你的目標。但只要有信心，你就能移動一座山；只要相信能成功，你就會贏得成功。

做自己最好

一對孿生兄弟因為逃難而失散，多年後重逢。個性活潑的哥哥在飢寒交迫下投身寺院當了和尚，個性安靜的弟弟則在機緣巧合下娶了妻子生了兒女。

兄弟倆都覺得生活極不順心：哥哥羨慕弟弟娶妻生子，享盡家庭溫馨；弟弟羨慕哥哥皈依佛門，遠離塵世紛擾。

一天，兄弟倆相約在半山腰的小涼亭閒談。正要離開時，發生了山崩。他們慌亂地躲進一個小山洞，倖免於難。半夜，哥哥怕弟弟著涼，脫下僧衣給弟弟蓋上；清晨，弟弟感激哥哥的照顧，脫下上衣給哥哥蓋上。

幾天後，兄弟倆獲救了，但哥哥被送回了弟弟家，弟弟被送回了寺院。他們將錯就錯的住了下來，體會自己嚮往的生活。哥哥為了衣食拚命幹活，累得半死也撐不起一家溫飽，絲毫享受不到在家生活的溫馨；弟弟為了準時撞鐘、誦早課，和衣而睡、徹夜未眠，半點感受不到出家生活的優哉。

兄弟倆再次相逢時，已是疲憊不堪。於是他們決定還是過回原來的生活。再次回到了自己的生活之後，他們各自過著幸福的日子。

Wisdom

心靈小語：

過著幸福生活的人，往往覺得別人的生活才是甜蜜的，總覺得自己不如別人過得好。而現實中的生活有時並非如想像一般。所以，人應該學會珍惜，學會珍惜自己所擁有的一切，因為這才是我們幸福的來源。

Part 6

真愛——

先伸出關愛的手，
讓一切陰霾消散，
多麼快樂。

空位

誰都會犯錯，不要認為那是他的事，而要覺得那也是你的事。想想，當他不知道該怎樣走向你的時候，你有沒有主動地走向他？

朋友，是要主動伸出手的！當朋友忙得無法應付的時候，伸出手，幫一把吧！

有一天，我剛上學校交通車，發現所有座位都坐滿了，只剩全班同學最討厭的那個人身邊有個空位。

我好想坐過去，如果我不過去坐，會讓她很難堪。但是我也知道，如果我坐過去，其他同學會排斥我。我一直在猶豫，我一直站著，沒有坐下去。回家之後，我寢食難安，覺得那個同學對我露出一種乞憐的眼神，可是我卻傷了她的心。我知道自己錯了，但我就是沒有勇氣去坐。

過了幾天又去坐交通車，我上去的比較早，當全班最不受歡迎的人上來時車上已經沒有座位了。這回我向旁邊挪了挪，讓出了一個空間。我對她笑一下，她走過來，也對我笑一笑，坐了下去。一路上我們雖然沒有說話，但是我好高興，好高興喲！

Wisdom

心靈小語：

可不是嗎？能接納一個人，能結交一個朋友，能先伸出友情的手，握住對方，讓一切陰霾消散，這是多麼快樂的事？

差點為她送命

劉太太是個孤僻的人，跟鄰居從不往來。

有一天她正在燒飯，突然聽見鄰居李小妹尖聲哭喊，從窗子望出去，發現一股濃煙正從李家的屋裡冒出來。

劉太太慌忙跑出去，孩子的哭叫聲更大了。想必父母不在家，眼看濃煙還未夾帶著火苗，一向膽小的劉太太居然鼓足勇氣衝了進去。豈知才抱起小女孩，身後突然竄起熊熊火焰。當她用毛毯把小女孩包著衝出火海時，已經頭髮全焦、灼傷片片。

這次火災之後，劉太太的孤僻脾氣居然改了，她尤其關心李小妹，總是買些東西送給她，並問長問短，有時候李小妹不用功、不聽話，劉太太甚至氣到哭。

許多朋友不解地問：「你以前從來不關心鄰居，為什麼現在對李小妹好得甚至超過自己的孩子呢？」

「因為我差點為她送了命！」

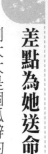

心靈小語：

人們的愛，往往不一定起於別人愛自己之後的回報，卻可能由於自己最先的奉獻與犧牲。犧牲愈大，愛得愈深。

理解

一名店主在門上釘了一則廣告，上面寫著「出售小狗」。這廣告顯然把孩子們的目光全吸引過來了，一個小男孩出現在店家的廣告牌下：「小狗賣多少錢呢？」他問道。

「三十至五十美元不等。」

小男孩從口袋裡掏出一些零錢：「我有二塊半美元，請允許我看看牠們，好嗎？」

店主笑了笑，吹了聲口哨，一名負責管理狗兒的女士跑了出來，她身後跟著五隻毛茸茸的小狗。其中有一隻遠遠地落在後面。

小男孩馬上發現落在後面的小狗，他問：「這小狗怎麼了，是不是有什麼毛病？」

店主解釋說：「這隻小狗沒有髖骨臼，所以牠只能一拐一拐地走路。」

小男孩說：「就是那隻小狗，我要買牠。」

店主說：「用不著花錢，如果你真的想要牠，我就把牠送給你好了。」

小男孩十分生氣，瞪著店主說：「我不需要你把牠送給我。那隻狗和其他狗的價值應該是一樣的，我會付你全價。我現在就先付二塊半美元，以後每月付五十分，直到付完為止。」

店主勸說道：「你真的用不著買這隻狗，牠根本不可能像別的狗那樣又蹦又跳地陪你玩。」

聽了這話，小男孩彎下腰，捲起褲腿，露出他一隻嚴重畸形的腿。他的左腿是跛的，靠一個大大的金屬支架撐著。

男孩輕聲說道：「嗯，我自己也跑不好，那隻小狗需要有一個能理解牠的人。」

Wisdom

心靈小語：

弱者需要同情，更需要理解。當我們不太關注那些受到傷害的人，他們的心肯定會有所覺察，當他們被人同情時，更需要的是別人內心的理解，不是施捨，不是給予，而是一句溫暖的話語。

我讓妳依靠

郭老師高燒不退，經檢查發現胸部有一個拳頭大小的陰影，醫生懷疑可能是腫瘤。

同事們紛紛去醫院探視。回來的人說：「有一個叫王敏之的女人，特地從美國趕回來看郭老師，不知是郭老師的什麼人。」

又有人說：「那個王敏之真夠意思，一天到晚守在郭老師的病床前，拿水餵藥端便盆，看樣子跟郭老師的關係非比尋常。」

就這樣，去醫院探視的人幾乎每天都會帶來一些關於王敏之的花絮，不是說她頭碰頭給郭老師試體溫，就是說她背著人默默流淚，更有人講了一件令人不可思議的事，說郭老師和王敏之一人拿著一根筷子敲飯盒玩。王敏之敲幾下，郭老師就敲幾下。敲著敲著，兩個人就神經兮兮地又哭又笑。細心的人還發現，對於王敏之和郭老師之間所發生的一切，郭老師的老婆居然沒有絲毫吃醋的表現。於是，就有人毫不掩飾地羨慕起郭老師的「齊人之福」。

十幾天後，郭老師的病理檢查結果出爐了，腫瘤的說法被排除。不久，郭老師就回來上班了。有人問起了王敏之的事。

郭老師說：「王敏之是我以前的鄰居。大地震的時候，王敏之被埋在廢墟裡，大塊樓板一層層的壓在上面，王敏之在下面無助地哭泣。鄰居們找來木棒鐵棍想撬開樓板，可是怎麼也搬不動，只好告訴她要等吊車來吊。王敏之在下面哭得嗓子都啞了，她十分害怕，她父母的屍體就在身邊。天黑了，人們紛紛謠傳還有大地震要來要，於是都紛紛離開了，只有我沒離開。

「我家就只有我一個人活著，我把王敏之當成了親人。就像王敏之依靠我一樣，我對著樓板的空隙往下面喊：『王敏之，天黑了，我在上面跟妳做伴，妳不要怕呀……現在，我們一人找一塊磚頭，妳在下面敲，我在上面敲，妳敲幾下，我就敲幾下。好不好，開始吧！』她敲噹噹，我便也敲噹噹；她敲噹噹噹，我便也敲噹噹噹……

「漸漸地，下面的聲音弱了，斷了，我也迷迷糊糊地睡去。不知過了多長時間，下面的敲擊聲又突然響起，我慌忙撿起一塊磚頭，回應著那求救般的聲音。王敏之顫顫地喊著我的名字，激動得哭起來。

「第二天，吊車來了，王敏之得救了。那一年，王敏之十一歲，我十九歲。」

Wisdom

心靈小語：

一瞬間突然明瞭，原來生活本身比所有挖空心思的浪漫暇想都更迷人。因此我們常說生活中確實有庸俗的成分，但你不能將生活庸俗化。

不存在的職位

一位家境貧寒的女大學生，從遙遠的鄉下來到城裡。她上學還不到十天，家中就傳來噩耗，父母姐妹在一場爆竹工廠的爆炸事件中被炸死了。她的家房屋倒塌，片瓦不剩。從此女大學生舉目無親，也沒有任何經濟來源。

她含著眼淚向學校提出退學。看來這是唯一的辦法。老師問她日後打算怎麼辦，她說家裡有一畝一分地的水田，還有一頭老牛。十九歲的她面臨著艱難的抉擇：回到老家種田，做一名鄉村婦女，或是繼續上學。

老師聽完她的敘述，流下同情的淚水，同學們也準備為這名還來不及熟悉的同學發起贊助回鄉的車費。隔天老師突然告訴她，學校報社編輯部正需要一人看稿，每月三千五百元。「其他的我們再想辦法。」老師說。

於是，她入學十天便成了一名編輯，當然是兼職打工。學校共有八千人，學生有六千五百人。報社每十天一張，稿子不多，她常沒得看，但工資照發，月月三千五百元。報社裡有五名成員，老張、老王、小李……人人都對她很好。她因課程緊湊不能天天去報社，居然也沒人找她。看稿這個工作也十分簡單，只要改改錯字，提些意見。她一度以為，做編輯真是輕鬆。

時光飛逝，四年的大學生活一晃就過去了。她始終不知道，四年中的每月三千五百元，並非學校所發，而是五名編輯人員從工資裡均攤給她。她更不知道報社並不需要這樣一位看稿編輯，一切都是為她專門設立的。

四年，沒有一個人願意說破這個秘密。四年來，她也一直被蒙在鼓裡。她畢業離校的那天，全體編輯與她合了影，從此，她的照片高掛在編輯部的牆上。她走了，五位編輯突然覺得蠻空虛的。到了發薪水的時候，他們已經習慣將每月工資取出一部分，習慣了這種安慰與自我心靈的淨化。獻出愛心，原來也是一種人生的收穫和樂趣。於是，他們決定再幫助一位貧困生，將這種愛永久地延續下去。

他們又僱用了一名因交不起學費而打算中途退學的鄉下孩子。就這樣，每隔四年，他們牆壁上的合影都會換一名新人，一位並不需要的編輯。目前已經是第三張了。

看著牆壁上的合影，他們的內心總是充滿了友善和愛的光芒。編輯部的工作因此變得非常有意義。

心靈小語：

當許多普通人悄悄地做著一些小事時，世界就在悄悄地改變。你每一次對需要幫助的人施以援手，心靈就會被溫暖一次，被感動一次。你每幫助一個人脫離愚昧和貧窮，世界就多了一份文明和富裕。

不要以自我為中心

有個女人抱怨她住的街道太過髒亂。

比如，在陽光明媚的星期天早晨，她打開窗戶想呼吸一下新鮮空氣，卻聽到「砰！砰！砰！」竟是樓上的鄰居拼命地拍打他家的腳踏墊。

女人猛地關上窗子，想以關窗的響聲表示抗議。不料因用力過猛，震落了窗玻璃，反而劃傷了自己的手！

女人打算離開這個可怕的地方。去哪裡比較好呢？她想起住在德國某城市的姐姐，姐姐一直希望她搬過去做伴。

記得姐姐這樣說過：「你聽說過嗎？這裡可是個天堂般的城市哦！藍天白雲，寧靜安逸，每一縷空氣都可以深深地吸進肺裡……」

這個女人覺得，在做決定之前，應該盡可能多掌握那裡的資訊，特別是社區環境方面的細節，以免搬過去又後悔。於是她打了電話給姐姐。

接到電話的姐姐非常開心，當然是有問必答啦。「晚上十點以後不能大聲喧鬧；星期天不能開割草機；垃圾要分類，並在規定的時間裡扔在規定的地方；如果你準備在家裡聚會，必須提前通知你的鄰居，徵得同意或諒解；如果你想搭建一個陽台，必須徵得地方政府的許可，並按規定的要求實施……」

放下電話，女人感慨良多，那個被人形容為「天堂」般的城市，原來一點也不自由啊！

人人都希望擁有一個潔淨、舒適的生活空間，寬鬆、明朗的工作環境。然而想得到這份快樂，也不是一件簡單的事情。因為，人在追求這份快樂的過程中，比較容易犯「以自我為中心」的毛病，結果反而替自己帶來負面影響和消極後果。

Wisdom

心靈小語：

有些人一邊抱怨不自由的同時，一邊卻在作繭自縛。明明是自己缺乏水準，信心不足，偏偏要在周圍杜撰幾個「假想敵」，以達到「不是我們無能，而是對手太狡猾」的心理平衡。真正的天堂其實一直都在自己的心中，只有自己拿得起，放得下，生活空間才會有快樂。

拯救

有天，一隻老鼠掉進了一個洞裡，怎麼也出不來。老鼠吱吱地叫著，牠發出了哀鳴，可是誰也聽不見。可憐的老鼠心想，這個洞大概就是自己的墳墓了。正在此時，一隻大象經過洞邊，用鼻子把老鼠救了出來。

「謝謝你，大象。你救了我的命，我希望能報答你。」

大象笑著說：「你準備怎麼報答我呢？你不過是一隻小小的老鼠。」

過了一些日子，大象不幸被獵人捉住了。獵人們用繩子把大象捆了起來，準備天亮後運走。大象傷心地躺在地上，無論怎麼掙扎，也無法把繩子扯斷。

突然，小老鼠出現了。牠開始咬著繩子，終於在天亮前咬斷了繩子，替大象鬆了綁。

「你看到了吧，我履行了諾言。」小老鼠對大象說。

有時，一隻小老鼠也能做到大象竭盡全力也做不成的事。

再來看下面這個故事。多日的陰雨綿綿之後，太陽公公好不容易露出笑臉，一片陽光普照。動物們都走出洞穴來舒展筋骨。

螞蟻也來到戶外走走逛逛，想要享受溫暖的陽光。

走著走著，忽然吹來一陣強風，把小小的螞蟻從地上捲起，吹到池塘裡頭去了。受到驚嚇的螞蟻一直在水裡奮力地掙扎，但是好像沒什麼用，眼看著就要滅頂了。

一隻鴿子正好飛過池塘，聽到有聲音大喊：「救命啊！救命啊！」鴿子停下來找，看看聲音是從哪裡來的。

螞蟻看見了鴿子，便拚命向鴿子的方向叫喊：「我在池塘裡呀，請你救救我！」

看到快淹死的螞蟻，鴿子覺得非常不忍心，趕快叼了一片樹葉丟入池塘中。瀕臨死亡的螞蟻看到天上飄下的樹葉非常高興。

螞蟻使盡全身的力氣，好不容易才爬上樹葉，然後隨著樹葉慢慢地漂到池塘邊，這才安全地撿回一條命。心存感激的螞蟻對鴿子說：「謝謝你救了我！」

過了很久，有天螞蟻正在覓食的時候，看到一個正在森林裡打獵的獵人用槍瞄準了樹上的小鳥。螞蟻睜大眼睛一瞧，這才發現：「那不正是上次救我的鴿子嗎？」正在樹上休息的鴿子並不知道獵人要射殺牠。這時螞蟻快速爬到獵人的腳上，狠狠地咬了他一口。獵人痛得大叫，丟下槍來查看傷口，這使得鴿子有機會可以順利逃走，等於還了鴿子對自己的救命之恩。

一隻小小的螞蟻也能救一隻鴿子。

Wisdom

心靈小語：

當別人最需要你幫助的時候，在正當合法的條件下，你沒有任何理由拒絕。因為在你有困難的時候，或許也希望別人會來幫助你。

傷疤

一個男孩考試落榜了，他頓時陷入了深深的失落和痛苦之中。父親沒有說什麼，只是要他跟著自己學做木匠。

一天，學刨木板，刨子在木結處被卡住，再怎麼用力使勁也刨不動。「這木結怎麼這麼硬？」他不由地自言自語。

「因為它受過傷。」一旁的父親插嘴說了一句。

「受過傷？」他不明白父親話裡的含義。

「這些木結，都是樹曾經受過傷的部位，結痂之後，往往變得最硬。」父親說，「人也一樣，只有受過傷後，才會變得堅強起來。」

父親的話讓他心頭一亮。是啊，人生正是因為有過傷痛，才會在傷痛的刺激下變得清醒起來；人生正是因為有過苦難，才會在苦難的磨練下變得更堅強。

第二天，他放下了刨子，繼續回到學校參加補習，去迎接人生一次又一次的挑戰。因為他已懂得，挫折將讓他擁有一副堅強的翅膀。

Don't Give Up

Wisdom

心靈小語：

人生正是因為有了傷痛，才會在傷痛的刺激下變得清醒起來；人生正是因為有了苦難，才會在苦難的磨練下變得更堅強。

沒有壞孩子

一天，某報社的記者來到一所學校採訪校長。

記者問：「你們以考試成績來衡量學生的學習成果好壞嗎？」

「不，」校長回答很果斷，「考試僅僅是一種輔助手段。除了成績，更重要的，老師還必須寫詳細的評語。」

記者又問：「那麼對你們來說，一個好學生的標準是什麼呢？」

校長看著記者追問的目光，半天才說出一句：「我們沒有好學生、壞學生之分。」

「從來不評好學生、壞學生什麼的？」

「從來不評。」

記者：「學習成績不好算是缺點吧？」

「不。」回答又是很果斷，「有的孩子英語成績不太好，可是他入學的時候連一句英語都不會說。他做了很大努力，才得到很大進步，這不能叫缺點，而叫優點。」

「那麼，班上有班長嗎？」記者又想起了好學生的另一個標誌。

「班長是什麼？」校長又搞不懂了。

「就是學生代表，幫老師收收作業什麼的，」記者搶著回答，「就是學生自己選的小幹部，有時幫助班級活動。」

「從來沒有，」他終於聽明白了，說：「所有的孩子都是一樣的，沒有小幹部。如果需要的話，每個孩子都會幫助老師。我們為低年級配備了助理老師，協助老師做些教具的準備工作。」校長介紹了助理老師的情況，但這根本不是同一碼事。

記者原本想問如何懲罰壞孩子，現在既然不分好壞，只好改口：「如果有孩子不努力學習，不完成作業怎麼辦？」

「經過鼓勵和幫助，現在我們沒有不愛學習的孩子。也許剛進學校的時候有。學校培養他們愛老師、愛同學、愛學校。老師像他們的大姐姐大哥哥爸爸媽媽一樣。因此他們都很願意按照老師的要求去做。離開學校兩天，他們就都會想老師想學校了。我的孩子從新加坡到這裡讀書，上二年級，他愛他的澳大利亞老師，甚至從此愛吃澳洲牛排。」

記者於是又追根究底：「如果有的學生不按老師的要求做怎麼辦？」校長仍舊是不慌不忙地回答：「老師會找他談話，從鼓勵入手。師生間可達成協議，比如給幾次機會，老師會與學生檢討協議內容達成度，並詢問學生：『你是怎麼答應我的？』另外老師和家長也會合作……最後問題都會解決的。」

「那你們有沒有調皮搗蛋的孩子？」記者特別想知道他們到底有沒有壞孩子，如果有，是什麼樣的？

「沒有搗蛋的，有頑皮的。」看來校長始終和他的學生坐在同一艘船上。

記者並不滿足，非打破沙鍋不可：「什麼是頑皮呢？」

「比如有一次我們帶他們去一個游泳館游泳，一個孩子當著管理人員的面說：『這是我到過的游泳館中最差的一個。』我們跟他講了道理，告訴他這樣就是不尊重別人，怎麼能當著人家的面這樣說話呢？後來孩子向管理人員道了歉。」

Wisdom

心靈小語：

愛的力量是偉大的，有了愛，我們才有更大的勇氣去面對一切，有了愛，我們才能感覺生活的美好。如果懷著一顆無私的愛心去面對別人，我們同樣會得到愛的回報。

咬了一口的漢堡

一個雨天的早晨，我把孩子們送到學校後順便去了一家快餐店點了早餐。幾張桌子上都是沒有收拾的紙杯、盒子和炸薯條。

一位年輕婦女與一個五六歲的男孩走進來，他們坐下點菜時又進來一個人，背微駝，穿著一件破爛的上衣。他緩慢地走向一張尚未收拾的桌子，慢慢地檢查每個盒子，尋找殘羹剩飯。當他拿起一塊炸薯條放到嘴邊時，男孩對母親竊竊私語道：「媽，那人吃別人的東西！」

「他餓了，又沒有錢。」母親低聲回答。

「我們能幫他買一個漢堡嗎？」

「我想他只吃別人不要的東西。」

當女店員遞給母子倆兩袋外賣餐點時，男孩突然從他的袋裡拿出一個漢堡，咬了一小口，然後跑到那人坐的地方，把它放在他面前的桌上。

這個乞丐很驚訝，感激地看著男孩遠去的背影。

Wisdom

心靈小語：

有時看到小孩天真的舉動，真是讓人感動，他們童心的愛，讓社會變得那麼溫暖，讓世界變得那麼充滿陽光。童心無忌，童心最純樸，而那種愛更自然、更真誠。

一雙鞋

火車將要啟動的時候，一個人急忙忙地上了車，可是他的一隻腳不小心被門夾了一下，鞋子掉了下去。這時火車已經開動了，只見這個人毫不猶豫地脫下另一隻腳上的鞋子朝第一隻鞋子掉下去的方向扔了下去。

有人奇怪地問他為什麼要這樣做。他說：「如果有需要的人正好從鐵路旁經過，他就可以撿到一雙鞋，這或許對他很有用。」

這個人叫甘地。在印度，他被尊稱為「聖雄」。

Wisdom

心靈小語：

一個人的偉大，首先是靈魂的偉大，其次才是才華的出眾，以及他取得的成就。

雨衣

五歲的漢克和爸爸媽媽哥哥一起到森林幹活，突然間下起雨來，可是他們只帶了一件雨衣。

爸爸將雨衣給了媽媽，媽媽給了哥哥，哥哥又給了漢克。

漢克問道：「為什麼爸爸給了媽媽，媽媽給了哥哥，哥哥又給了我呢？」

爸爸回答道：「因為爸爸比媽媽強壯，媽媽比哥哥強壯，哥哥又比你強壯呀。我們都會保護比較弱小的人。」

漢克左右看了看，跑過去將雨衣撐開來擋在一朵風雨中飄搖不已的嬌弱小花上。

Wisdom

心靈小語：

真正的強者不一定多孔武有力，或者多有錢，而是他對別人能夠施予多大的幫助。責任可以讓我們將事情做完整，愛可以讓我們將事情做的更好。

總理的母親

泰國總理川立派跖歲的老母親川梅，是一個擺食品攤的小販。雖然年紀很大了，但她閒不住，還在曼谷的一家市場內擺攤賣蝦仁豆腐、豆餅、麵餅。她說：「兒子當了總理，那是兒子有出息，與我擺攤並沒有什麼衝突。我不覺得有什麼丟人的，我很喜歡擺攤，在這兒，能見到很多的老朋友。」

川梅最高興的事，就是看到兒子下班回家後狼吞虎嚥吃她親手做的豆腐。泰國的媒體稱讚：「一個來自平民階層的平凡母親，教育出一名以其誠實正直而受人尊敬的總理。」

而川梅在面對記者時卻謙遜地表示：「我其實沒有做什麼，只不過在他小時候教導他做人必須誠實、勤勞和謙虛，我從不打罵他，但我也記不得他有哪件事讓我失望。」

Wisdom

心靈小語：

望子成龍是普天下母親的共同心願，任何一條「龍」都是在父母的教育及影響下成長的，又有幾個母親在兒子「成龍」之後，沒有抓住機會母以子貴，仍甘於平凡？

左手與右手

在一所小學的教室裡，課堂上老師提問的時候，一個同學總是愛舉手，但老師叫他起來的時候，他卻總是答不上來，引得下面的同學竊笑不已。

課後老師問他為什麼要這樣，他說如果老師提問時他不舉手，同學會在下課後叫他傻瓜。於是，老師就和他約定，當他真的會的時候就高高地舉起左手，不會的時候就舉起右手。漸漸地，這名同學越來越經常舉起他驕傲的左手，越來越能夠回答出老師的課堂提問。這個原本極有可能在嘲笑中沉淪的孩子，也由一個壞學生轉變成了一個好學生。

心靈小語：

被重視、被關愛有一種讓人向上的力量，對成長期的孩子尤其重要。一個缺乏愛心的老師會毀掉孩子。老師就是要給不被重視、不被關懷的孩子陽光般的溫暖。

謝謝您購買 相信自己，永不放棄 這本書！

即日起，詳細填寫本卡各欄，對折免貼郵票寄回，我們每月將抽出一百名回函讀者寄出精美禮物，並享有生日當月購書優惠！

想知道更多更即時的消息，歡迎加入“永續圖書粉絲團”

您也可以利用以下傳真或是掃描圖檔寄回本公司信箱，謝謝。

傳真電話：（02）8647-3660　　信箱：yungjiuh@ms45.hinet.net

☺ 姓名：__________　□男　□女　　□單身　□已婚

☺ 生日：__________　□非會員　　□已是會員

☺ E-Mail：__________　電話：（　）__________

☺ 地址：__________

☺ 學歷：□高中及以下　□專科或大學　□研究所以上　□其他__________

☺ 職業：□學生　□資訊　□製造　□行銷　□服務　□金融

□傳播　□公教　□軍警　□自由　□家管　□其他__________

☺ 您購買此書的原因：□書名　□作者　□內容　□封面　□其他__________

☺ 您購買此書地點：__________　金額：__________

☺ 建議改進：□內容　□封面　□版面設計　□其他__________

您的建議：__________